激发学生认知参与的
36 个课堂策略

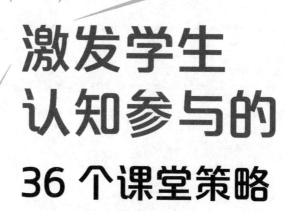

- ［美］丽贝卡·斯托博（Rebecca Stobaugh）
- 刘宁 译

36 MOVEMENT STRATEGIES TO
BOOST COGNITIVE ENGAGEMENT

华东师范大学出版社
·上海·

图书在版编目(CIP)数据

激发学生认知参与的 36 个课堂策略/(美)丽贝卡·
斯托博著;刘宁译. —上海:华东师范大学出版社,
2024. —ISBN 978 - 7 - 5760 - 5228 - 2

Ⅰ. G424. 1

中国国家版本馆 CIP 数据核字第 2024DR0550 号

30 + Movement Strategies to Boost Cognitive Engagement: Activating Minds and
Bodies to Maximize Student Learning
by Rebecca Stobaugh
Copyright ⓒ 2023 by Solution Tree Press
Simplified Chinese Translation Copyright ⓒ 2024 by East China Normal University
Press Ltd.
All Rights Reserved.

上海市版权局著作权合同登记 图字:09 - 2023 - 0603 号

激发学生认知参与的 36 个课堂策略

著　　者　[美]丽贝卡·斯托博
译　　者　刘　宁
责任编辑　张艺捷
责任校对　张　筝　时东明
装帧设计　郝　钰

出版发行　华东师范大学出版社
社　　址　上海市中山北路 3663 号　邮编 200062
网　　址　www. ecnupress. com. cn
电　　话　021 - 60821666　行政传真 021 - 62572105
客服电话　021 - 62865537　门市(邮购)电话 021 - 62869887
地　　址　上海市中山北路 3663 号华东师范大学校内先锋路口
网　　店　http://hdsdcbs. tmall. com

印　刷　者　浙江临安曙光印务有限公司
开　　本　787 毫米 × 1092 毫米　1/16
印　　张　13
字　　数　149 千字
版　　次　2024 年 9 月第 1 版
印　　次　2024 年 9 月第 1 次
书　　号　ISBN 978 - 7 - 5760 - 5228 - 2
定　　价　48. 00 元

出 版 人　王　焰

(如发现本版图书有印订质量问题,请寄回本社客服中心调换或电话 021 - 62865537 联系)

目　录

前　言

你还记得第一年的教学经历吗？我记得，我教得很糟糕。尽管我精力充沛且工作努力，但欠佳的口语表达能力、事实导向的教学风格以及薄弱的课堂管理能力，导致学生们长期无法融入课堂。我该如何重新设计我的课堂来提高学生们的参与度呢？我知道我可以教得更好，我的学生也可以学到得更多。

第一步，我努力让学生们在课堂上完成任务，而不是在大部分时间里默认教师来主导课堂。我尝试用不同的方法让学生们充分参与到课堂中，而不是就某个主题进行讲授。我将课堂转变为"学生即工作者"的模式，计划让所有学生参与到以批判性思维任务为中心的小组讨论中。例如，我张贴一位公众人物的名言，并要求学生们判断这段名言与在课堂上所学的内容有什么联系。学生们站起来，排成两排，与同伴分享自己的想法。几分钟的交流后，同一排的学生向右走 3 步，组成新的两人组。这项活动能够让学生们将自己的想法与同伴的进行比较，并完善自己的观点。我的学生正在逐步掌握学习的主动权。我现在常说："谁是工作者，谁就是学习者。"

接下来，我专注于转变自己的教学风格。我所依赖的基于事实的主题结构,让我觉得自己仿佛是在进行自动驾驶式的教学,并要求学生快速提取出记忆中的信息。但是我并没有看到那种认知参与,即便我知道我的学生能够做到,他们没能长期坚持深度学习,也没能通过总结性评估。这种方法行不通!我知道,为了达到教学目标,我必须将学生的参与和对学生认知要求较高的任务结合起来。每当我看到《布卢姆分类法(修订版)》时(Anderson & Krathwohl, 2001),我就会意识到,我的教学策略并不能帮助学生们超越对知识低层次的记忆、理解和应用。幸运的是,我获得了需要嵌入深度认知处理的分析和评价任务的课程材料。利用这些材料帮助我了解到如何设计我自己课堂的活动和评估,这些活动和评估对认知有高要求,并确保长时记忆。

在我任教的第二年中,我注意到学生们的参与度在稳步提高,我对我们创建的课堂文化也更加满意,但仍有不足之处。在我初高中的教学经历中,见惯了学生长时间坐在课桌前。但当我把活动任务融入其中时,学生们变得更加专注和积极,这引起了我的注意。我开始研究其他的主动学习策略,并将活动任务融入其中。事实证明,活动融合是我在课堂上提高学生参与度的最有效的努力。

提高学生参与度的两大因素

我在提高学生参与度方面的经验促使我写下这本书。在接下来的章节中,我希望通过以下两大因素,帮助教师找到提高学生参与度的独特途径:(1)认知参与,(2)活动融入。

让我们从认知参与开始——每位教师都见过不参与课堂的学生。

虽然教师几乎无法控制影响学生们的外部因素,但可以在教室内营造一种激发学生们参与有意义学习的环境。那么,什么是认知参与呢？在《激发学生认知参与的 50 个策略》(*Fifty Strategies to Boost Cognitive Engagement*)中,道格拉斯·费希尔、南希·弗雷、罗素·夸利亚、多米尼克·史密斯和丽莎·兰德(2018)将认知参与描述为学生对学习的心理投入:

> 　　学生们在认知层面积极参与时,可能会忘记时间,会有"已经下课了吗?"的疑问。认知参与的其他属性包括坚持和从经验中学习、与他人分享学习心得、以饱满的热情参与学习过程等(p. 7)。

　　作为教师,如果希望学生们对学习做出不同的反应,那就必须给学生提供与现在所不同的学习方式。这种不同的学习方式是怎样的呢？教师限制讲授的时间,取而代之的是融入学生的讨论,以最大限度地提高学生的参与度。以前,只有几名学生通过回答教师提出的问题来参与,而现在许多学生参与话题和问题的讨论。这些以学生为中心的学习小组为学生提供了更多参与和分享不同想法、观点的机会。研究表明,大脑更喜欢新奇的事物,而忽略那些看似不重要的、常规性的或是学生谈到的似乎无聊的情况。当大脑受刺激的部分减少时,参与度便会降低,从而导致学习成效下降。一位当过教师的神经学家,朱迪·威利斯博士(TED, 2013)解释道,当大脑未受刺激时,高级思维处理就会停止,而更多的反应性反应成为主导。一旦出现这种情况,学生的大脑将很难把注意力集中到教学上,而是把注意力转移到辨别对自己有威胁的情况或制造自我刺激中,其典型的表现便是以消极的态度不参与课堂。不参与课堂的学生往往不爱学习,管理起来也很困难。然而,如果教师考虑新的方法来设计课程,那么教学对学生而言则是激励人心且有趣的。

保持学生参与度的第二个因素是活动融入。你可能已经注意到,当学习涉及到活动时,学生更容易投入其中。你想过这是为什么吗? 传统的教育方法将身心视为独立且不同的系统(五官将信息传递给大脑,而我们则思考如何根据这些信息采取行动)这就是所谓的身心二元论哲学(Britannica, n. d.)。想想在学校里平常的一天:学生在教室里的时间都围绕着智力型的学习活动,而身体运动则降级为课间休息、体育课或定期的脑力休息。然而,神经科学的进步则对这种二元论的身心分裂学说提出了挑战。

具身认知是认知科学领域内一个不断发展的分支,它认为身体和心灵是相互依存而非分裂的。认知科学家盖伊·克莱克斯顿(转引自Meserve, 2015)解释道:

> 身体、肠道、感官、免疫系统、淋巴系统与大脑的相互作用是如此即时和复杂,以至于你无法在脖子上画一条线并说"线以上是聪明的,线以下是卑微的"。

换句话说,智力和身体的感觉运动系统是一个综合的、有凝聚力的整体。曼努埃拉·马其顿尼亚副教授(2019)描述了如何简单地将苹果握在手中(而不是思考、书写或讨论它)就能提示大脑视觉和触觉区域的神经元连接到涉及形状、颜色和纹理的神经网络,从而使相互连接的神经网络映射出与水果相关的所有体验：

> 通过激活视觉图像（即水果的形状）来思考苹果，会触发其他网络组件，包括参与抓取、举起、削皮……和咀嚼水果……的运动程序。如果我们观察一下儿童是如何习得语言的，就会发现，事实上他们表现出大量的感知运动行为。儿童听到并重复的一连串声音（单词）即为符号，而这些符号与儿童用感官感知到的物体或与他们所做的动作是相关的。我们不能阻止儿童触摸、投掷、嗅闻物体甚至将其放入口中（Adams, 2016）。因此，在大脑语言中，一个单词必须被表述成一种感觉运动神经网络，其反映了有关这个概念所收集到的所有经验（Pulvermiller, 1999）。

想象一下这对 K - 12 的课堂有多大影响！传统的教育模式只是让学生进行脑力学习。作为教师，如果可以转变我们的教育实践并使之符合具身认知的理念，这会发生什么呢？当教师将活动融入课堂时，会产生哪些积极的结果呢？我曾亲眼所见：当教师将学习视为一种全身心的体验时，学生们会更多地参与到他们的教学中。

参与的益处

当教师为了学生的课堂参与而努力时，全班同学都会受益。当学生们因认知参与和具身学习而更多地参与到学习中时，就会获得就业能力和文化响应方面的额外好处。

创造一个有吸引力的课堂环境可以提高学生的就业技能，而这些是工作者在全球职场中茁壮成长所需的基本技能（McBride & Duncan Davis, 2021）。培养学生掌握适应 21 世纪需求的技能进入到劳动力市场，是全球的教师、管理者以及倡导团体的主要关注点。"教育金融机会"（EduQuality）项目负责人蕾妮·麦卡尔平（2017）解释说："这意味着要超越传统学科领域的教学，如算术和识字，以此培养学生更广泛的技能，如问题解决能力、批判性思维能力和合作能力。"

究竟什么才是适应 21 世纪需求的技能呢？以下为三类共计 12 种能力（Stauffer, 2022）。

- 学习能力（4C）
  - **批判性思考（Critical thinking）**：分析和评估信息
  - **创造力（Creativity）**：创造独一无二的东西
  - **协作（Collaboration）**：与他人合作完成任务
  - **交流（Communication）**：分享想法和解决方案
- 素养能力（IMT）
  - **信息素养（Information literacy）**：理解事实、数字和数据
  - **媒体素养（Media literacy）**：知道如何在网上发布信息
  - **技术素养（Technology literacy）**：了解可用的数字工具
- 生活能力（FLIPS）
  - **灵活性（Flexibility）**：调整计划实现目标
  - **领导力（Leadership）**：组织团队实现目标
  - **主动性（Initiative）**：独立完成任务
  - **生产能力（Productivity）**：专注于高效地完成任务

● **社交能力(Social skills)**：在互动过程中有效地使用语言和非语言技能

掌握了这些核心素养，学生们就可以通过学习、创新、考虑不同的观点、交流复杂的想法、利用科技去创造并解决问题，以及应对工作中的挑战，以此来适应不断变化的工作环境。

大多数教师都知道，当教师为学生创造出参与共同创造学习的途径时，学生在掌握学习内容上就会更加投入。教育学教授日内瓦·盖伊(2010)证实了这一点，她提倡教师采取与文化相关的教学，"利用不同民族学生的文化知识、既往经验、参照标准及行为表现风格，使学习内容与他们更相关且更有效。所以教师可以利用学生的这些优势来进行教学"(p. 31)。许多教师都认为，让课程内容与学生相关对学生的参与度有很大的影响(Aguilar, Ahrens, Janowicz, Sheldon, Turner, & Willia, 2021)。教师在课堂上创造出参与文化的同时，也为文化相关的教学创造了机会。这意味着教师在设计教学体验时，要考虑到学生的年龄、特长、兴趣和不同的文化表现形式。当这种情况得以实现时，会引起学生们的关注，他们会感到安全、被关注、被欣赏、被赞美。同时，他们也可以得到一个如何以好奇、开放和尊重的态度对待彼此的榜样。

本书的目的和结构

本书旨在通过活动提高学生的参与度。该书认为当教师创造出融入活动的高水平教学实践时，学生就会全身心地投入到学习中。除了提供关于参与和活动益处的基础知识外，以下章节还提供了 30 多个将活动融入课堂并确保学生高度参与的策略。每个策略都含有建立基本原理的描述、教学实施策略的步骤、启发替代方案的其他形式、其他科目的教学示例，以及说明如何满足不同学生需求的差异化方案。这些部分将确保你有许多关于如何将这些策略直接应用到你的课堂中的想法。

主动学习策略分为三类：(1)同伴；(2)小组；(3)游戏。同伴策略包括在与同伴一起完成严格任务时的活动和高水平的学生参与。小组策略包括与更大的群体一起深入了解各种观点时的动觉学习。游戏策略展示了融入活动的方法，同时以低水平的竞争增强学生的兴趣。

本书介绍的策略适用于所有年级和科目。每种策略都包括英语、数学、科学、社会研究、人文学科或职业指导和生涯规划的具体应用。此外，由于课堂上学生们的能力和需求参差不齐，因此每种策略都强调了几种差异化技巧。任何策略都一样，面对不同能力和不同年级的学生，你需要根据学生的独特需求进行调整。为了帮助你实施这些策略，每章的最后都有供你思考的"思考题"和"实践题"。

第一章为理解学生参与奠定了基础。我讨论了参与和不参与是什么样子，为什么会发生，以及它们为什么在课堂上很重要。此外，我还对认知参与进行了深入探讨，因为它是本书所提供策略的核心。

第二章探讨了活动模式的历史变化及其如何影响课堂上的学生。我分享了活动融合的益处，并介绍了教师可以在课堂上融入的 4 种活动类型。最后，我分享了 6 个关键的激励因素，说明了为什么融合活动能提高认知参与度。

第三章探讨了如何利用同伴讨论来提高参与度。首先，我介绍了学生结对学习的好处。接下来，我概述了如何建立情境、选择同伴，以及如何提前提出问题,让教师和学生为开始与同伴合作做好准备。本章的其余部分提供了 11 个策略,你可以通过同伴讨论将活动融入课堂。

第四章讨论了学生如何从 3 到 5 人的小组合作中获益。我分享了分配小组成员的建议,并确保所有学生都有平等的参与机会。最后,我提供了 13 个通过小组活动融合活动的策略。

第五章展示了在课堂上使用游戏提高学生参与度的好处。我提供了准备融入游戏的步骤,并介绍了 12 个融入游戏的主动学习策略。

第六章概述了以可持续的方式实施这些策略的主要想法,包括课堂设计、课堂气氛和课堂管理,以培养学生之间的活动文化。

你准备好评估自己的教学实践,并找出提高学生参与度、高层次思维以及活动融合能力的方法了吗? 如果是,让我们开始吧!

第一章
了解学生的参与情况

  多米尼克老师的社会研究课有 25 名学生,在开始上课时,他向学生们展示了 3 张伊拉克、科威特和叙利亚的人们带着所有家当站在家门口的照片。多米尼克老师将学生们分成小组,让他们分析地理位置,并假设地理位置会如何影响这些家庭的日常生活。在各组分享了他们的想法之后,多米尼克老师解释说,这个地区是古代美索不达米亚的发源地。

  多米尼克老师让学生们阅读一段关于古代美索不达米亚地理的文章,并指出地理位置如何影响早期的定居点。学生们在阅读文章时,完成一个分为两栏的整理表:"已知"和"未知"。学生们在"已知"一栏记录文章中已学过的信息,然后在"未知"一栏中记录新学到的信息。在学生们完成阅读后,多米尼克老师指导他们拿着整理表一起站起来,找一名伙伴讨论并比较答案,再提出两个关于地理如何影响美索不达米亚古代定居点的开放式问题。多米尼克老师利用学生们提出的问题来推动随后的课堂讨论。

你认为多米尼克老师的课堂是学生参与度高的课堂吗？为什么是或者为什么不是？当你想到一个有吸引力的课堂的样子和感觉时，你会想到哪些因素？请使用表 1.1 中的问卷来检查你对学生参与度的理解。

表 1.1　评估你的理解

学生参与度调查问卷
以下每个问题，请在你最认可的答案前打钩。
你如何评估自己对学生参与概念的理解？ □尚未探究学生参与的概念 □部分理解学生参与的基本理念 □理解学生参与的基本理念 □完全理解吸引学生参与的多种方法 你如何评估自己对认知参与概念的理解？ □尚未探索认知参与的概念 □部分理解认知参与的基本理念 □理解认知参与的基本理念 □完全理解让学生参与认知的多种方法 你如何评估自己对活动融入概念的理解？ □尚未探索活动融入的概念 □部分理解活动融入的基本理念 □理解活动融入的基本理念 □完全理解运用活动融入的多种方法

在本章中，我将帮助你从根本上理解学生参与的含义。我将讨论"不参与"的情况是怎样的，为什么会发生，以及为什么会成为一个问题。然后，我将探讨学生们参与的情况是怎样的，如何创造参与，以及如何让学生受益。最后，我将重点介绍一种特定类型的参与——认知参与，这已经在前言（第 2 页）中讨论过。在进入第二章之前，你将有机会利用"思考题"和"实践题"进行反思。

不参与

　　课堂上的不参与是什么样的？为什么这是个问题？教师该如何避免？这些都是我们将在本节中讨论的几个问题。

　　来自中学生的数据显示，许多学生都不参与课堂，这种情况在初中和高中阶段愈演愈烈（Whole Child Symposium, 2016）。盖洛普咨询公司高级顾问蒂姆·霍奇斯（2018）报告称，不到一半的受访学生表示他们参与了学校活动（47％），大约四分之一的学生表示他们"不参与"（29％），其余的学生表示他们"不主动参与"（24％）。数据图见图 1.1。

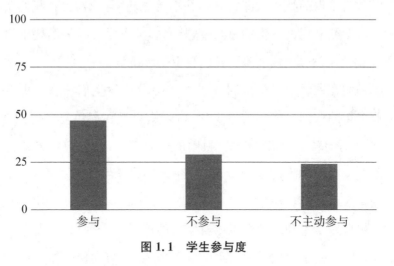

图 1.1　学生参与度

资料来源：改编自 Hodges, 2018。

　　霍奇斯（2018）还指出，五年级学生的参与度较高，可达到 74％。然而，从五年级到高中，这些水平呈现出消极轨迹。大约一半的初中生声

称自己的参与度较高,而只有大约三分之一的高中生声称自己的参与度
较高(Hodges, 2018)。

不参与是个问题。长期不能参与的学生有可能会导致学业失败、行
为问题、社会隔离以及其他不良后果(Gupta & Reeves, 2021)。每位教
师都能回忆起这些学生:他们的不参与导致出勤率低,经常受到纪律处
分,或者失去了社会联系。那么是什么原因导致学生不参与呢?

学生们不参与的原因多种多样。一个常见的原因就是教学:低水平
的任务无法调动大脑并激发思考(Boser & Rosenthal, 2012)。有时,通
过增加辅导和示范等重要支持来过度强化教学,会消除激发学习所需的
求知欲。作家兼教师教育家扎雷塔·哈蒙德批评了试图通过大量辅导
和以补救为重点的抽离式课程来弥补不足的趋势,她指出:"我们实际上
是利用求知欲来提高学生的参与度,从而弥补不足。我们需要给课程和
教学'加水',而不是'减水'。"(转引自 Rebora, 2021)

教师们在课堂上讲话的时间过长也会导致学生们不参与课堂。一
位从业多年的教师可能会无意识地这样做,只是在简单复制他们在 K -
12 中所经历的教学风格。然而,目前的研究表明,这种教学方式并不能
最大限度地提高学生的学习效果,往往会导致学生注意力不集中,提出
的问题令人沮丧,以及呈现的知识过快(Wilson & Korn, 2007)。

虽然有些学生和教师在以语言为主的课堂上表现出色,但大多数并
不如此。听讲使学生们处于被动的学习角色,而与同伴合作参与学习则
使学生们处于主动的角色。例如,研究人员詹妮弗·奈特和威廉·伍德
(2005)发现,互动式课堂能显著提高学习效果,加深对概念的理解。

当学生的兴趣、身份和文化框架与教师不同时,也会导致学生们不

参与课堂。教师们有时会将教学内容与自身背景相关的例子联系起来，但却无法与学生们的实际经验相联系。我曾在观摩一位新教师上经济学课时看到了这种情况。教师举了一个学生为自己午餐付费的例子来说明一个概念。学生们疑惑地盯着教师。最后，一名学生举手告诉教师，他们学校的学生都不付午餐费。这位来自中产阶级家庭的教师，与来自低收入社区的学生相比，所处的社会经济框架是不同的。盖伊（2010）将此称为文化盲点，认为"在课堂教学中纳入生态因素，如教师和学生的先前经验、社区环境、文化背景和种族身份，教学才最有效"（p. 22）。

　　停顿片刻，思考一下你目前所读到的内容。在你的课堂上，学生不参与课堂的情况是怎样的？你是否认识到前文所述的那些对学生们产生负面影响的不参与课堂的原因？使用表 1.2 中的清单记录你观察到的行为。

表 1.2　检查课堂中学生不参与情况

检查课堂中学生不参与情况
请勾选学生们在课堂上的表现行为
□发短信 □在设备上玩游戏 □睡觉 □扰乱学习流程 □课堂讨论时保持沉默 □以最小的努力完成任务

　　你还会在上表中添加哪些不参与课堂的行为？哪些学生不参与课堂？什么时候不参与课堂？面对学生们不参与课堂的情况，你可能会感

到沮丧,但幸好有一些有效的方法可以解决这个问题。当你知道如何识别不参与课堂的现象并了解其发生的原因时,你就可以努力改变这种状况,而不必强迫自己与学生们进行不悦和无益的对抗。接下来,让我们来看看学生参与是怎样的,以及它是如何产生的。

参与

学生参与度可以定义为"学生在学习过程中有意义的投入程度,通常通过注意力集中及专注于学习任务来表现"(Howard, Bingener, & Howard, 2021)。当学生们参与其中时,他们之所以能完成任务,是因为他们真的想做,并且看到了任务的价值,而不是因为他们迫于外在奖励或服从命令才去完成任务。

参与度与新颖性和多样性有关。常规任务会让人感到无聊,而有趣和独特的任务则更有可能激发学生们的参与热情。然而,课程不应只是为了有趣而有趣,其目的是创造新奇的学习体验。娱乐性任务可能会短暂地激发学习者的学习兴趣,但无法维持长期学习的参与度,而激发学生好奇心和认知参与的任务则会提高学生的学业成绩(Hassinger-Das & Hirsh-Pasek, 2018)。例如,假设一个班级正在学习北美向西扩张的知识。一位教师便指导学生们按照一系列指令制作定居者向西迁移时使用的马车模型。另一位教师则让学生们以小组为单位,利用他们对现有资源的了解,制定一个带领一群定居者西行的计划。第一组学生的任务是被动地按照指令学习信息,而第二组学生的任务是创造性地思考并合作解决问题。你认为哪一组更有可能长期学习关于西迁的挑战?

参与度还与学生们的兴趣有关。菲利普·斯科勒克蒂(2011)认为,即使所学内容无趣,教师也应将课堂任务设计得更有趣味性。教师可以设计与教学内容标准一致的任务,让学生们愿意参与并投入其中。这就是文化响应的作用所在。哈蒙德认为,文化响应式教学使教师有能力"在学习者的背景、兴趣、文化知识和课程中的新内容之间建立'认知联系'"(转引自 Rebora,2021)。

我在一个农村地区担任校长期间,目睹了文化响应式教学的效果,该地区学生的州评估数学成绩很低。在观察数学教师们后,我意识到他们对自己教授的学科和服务的学生充满热情,但评估并不像州评估那样严格,其中包括应用题。数学教师们决定通过设计一个与学生们兴趣相关的日常应用题来应对这一挑战。在巡视过程中,我观察到学生们在回答有关测量赛车加速度、计算猎人与动物之间的距离以及确定手机最优惠价格的数学问题。学生们不仅将数学应用于复杂的认知问题,而且还认识到数学在日常生活中是如何帮助他们的。当教师把教学内容与学生们的兴趣相联系时,数学成绩就会突飞猛进。

花点时间反思一下你在学生课堂参与方面的经验。当你回想自己的课堂时,你认为参与到课堂中的学生占多大比例? 不参与课堂的学生占多大比例? 阅读表 1.3 中的描述,在第一列中为每个项目填入一个百分数。

你认为造成这些比例的因素有哪些? 影响学生们投入学习的外部因素有很多,且都是教师无法控制的。要提高学生的参与度,教师必须考虑自己在课堂上可以影响的因素。你能做些什么调整来让你的课堂围绕高参与度行为展开? 阅读表 1.4 中的每个陈述,并在第一列中指出其是真(T)还是假(F)。

表 1.3　测量学生参与度

百分比	高参与度行为
	继续专注于任务内容
	克服困难,坚持完成任务内容
	最大限度地投入精力、时间和注意力来完成工作
百分比	低参与度行为
	只有在获得外在奖励时才会保持专注
	对某项任务投入的时间、精力和努力极少
	容易分心或经常分散他人注意力

资料来源:改编自 Schlechty, 2011。

表 1.4　参与模式分析

真或假	参 与 模 式
	在设计课堂任务时,我会详尽周全地考虑学生们喜欢的学习方式,并确保他们的兴趣在教学策略中得到体现。
	当学生们的参与度低于预期时,我会分析我的教学策略和任务,找出改变这种模式的方法。
	我相信,我的教学策略和任务在很大程度上影响着学生们的参与程度。
	为了提高课堂上的学生参与度,我鼓励同事们推荐其他可以提高学生参与水平的方法。

资料来源:改编自 Schlechty, 2011。

　　表 1.4 中有多少个陈述描述了你的教学理念和行为?虽然教师无法影响那些对学生参与度有影响的外部因素,但他们可以创造一个有吸

引力的课堂环境。教师必须认识到，他们在确保学生参与度方面有很大的影响，然后乐于采用新的教学方法来提高课堂上的学生参与度。

参与的维度

既然我们已经对学生在课堂上的参与有了大致的了解，那么让我们更具体地了解一下参与的各个方面。研究人员詹姆斯·阿普尔顿、桑德拉·克里斯坦和迈克尔·弗隆（2008）认为，评价参与有 3 个维度的内容。

1. **行为**：可观察到的参与指标包括完成作业、参与课堂讨论和遵守课堂规则。学生们完成任务并沉浸在学习中。

2. **情感**：情感参与是指学生们对学习过程的感受，包括兴趣和好奇心。学生们对学习、学校和朋友有积极的情感。

3. **认知**：学生们在学习过程中构建新的理解时所付出的心理努力。学生们投入到学习的共同创造中。

教师从学生们的身体和非语言行为中观察其行为和情感维度。他们可以通过观察或调查学生来衡量这两个维度。但教师必须通过学生们的学业成绩来衡量认知参与度。一项研究表明，一名学生首先通过与同学和教师的积极关系而产生情感参与（情感）。然后，当学生积极参与并坚持不懈地应对挑战时，行为参与便显现出来（Sumbera, 2017）。

认知参与度被定义为学生们愿意在学业任务中投入精力的程度。此外，认知参与还与思维水平有关。教师在制定高认知要求的教学计划时，可以将重点放在参与度这一维度上。

作者佩西达·希姆勒和威廉·希姆勒(2011)通过四象限说明了参与的认知和行为维度之间的相互作用。认知参与度(认知)和行为参与度(参与)都可以分为高低两种。

1. 低认知度,低参与度:

学生是被动的学习者,学习水平很低,没有深度加工来促进持久的理解。教学以教师为主导,很少有学生们参与其中。

2. 低认知度,高参与度:

学生们可能会觉得课堂任务很有趣,但他们仍然无法进行可以确保长期学习的批判性思维。哈蒙德指出:"我们常常把参与简化为动手'活动',或者简化为一堂有趣的互动课,但我们并不一定把这种互动与学术严谨性或认知能力建立起联系。"(转引自 Rebora, 2021)

3. 高认知度,低参与度:

认知要求很高的体验促使学生们进行批判性思维、反思和解决问题,但可能只有少数学生参与其中。

4. 高认知度,高参与度:

所有学生都通过分析、评估和创造完全沉浸在严格的学习过程中。学生们主动学习"可以激发思考,拓展思路,使学生们有能力解决复杂的问题,理解所学知识,并将新信息综合到现有的图式中"(Howard, Bingener, & Howard, 2021)。

高参与度是指学生们对学习过程感兴趣并积极参与其中。高认知体验是指那些相关的且能激发求知欲和意义建构的体验。具有启发性的问题、实验及探究能激发学生们的好奇心,从而最大限度地提高参与度。最理想的情况是教师们通过设计符合高认知度和高参与度标准的教学,创造公平的环境,鼓励所有学生努力实现自己的智力能力(Rebora, 2021)。

本书的目的是详细介绍严格的教学和学生参与的具体方法,以最大限度地提高认知度和参与度。图 1.2 举例说明了认知参与的各个水平。

高认知度,低参与度	高认知度,高参与度
请看下面这些高认知度、低参与度的例子。 ● 一位教师向几名学生提出批判性思维的问题。 ● 观看视频后,几名学生在全班大声分享他们的想法,根据他们所学的科学原理解释爆炸的原因。 ● 一位教师要求全班同学评价他们正在阅读的一本书中的人物是否做出了正确的选择。教师挑选几名学生分享他们的想法以及故事中支持他们观点的证据。	请看下面这些高认知度、高参与度的例子。 ● 学生们根据评分标准点评同学的作业。 ● 学生们检查一篇文章,强调支持每个主张的证据。学生们两人一组,评估每个主张是否得到了充分的辩护。 ● 回顾历史证据后,学生们决定赞成或反对历史领袖的行为。每个小组列出支持其立场的历史证据,并在课堂辩论中分享。
低认知度,低参与度	低认知度,高参与度
请看下面这些低认知度、低参与度的例子。 ● 教师讲课。 ● 教师向全班同学朗读课文。 ● 教师要求学生们说出他们在读的小说中最喜欢的人物。一些学生在全班大声分享答案,但没有说明理由。	请看下面这些低认知度、高参与度的例子。 ● 学生们玩卡片与定义配对的记忆游戏。 ● 学生们与所有参与在线游戏的学生们一起复习词汇。 ● 学生们两人一组玩乘法表游戏,尝试正确解答乘法问题,并将正确解答的卡片排列成一叠。

图 1.2　参与度象限示例图

这一框架说明,参与度和认知要求往往取决于教师如何设计教学。并非所有的课堂任务都是一样的。不同类型的任务会产生不同程度的学习效果。让我们举一个例子来说明这一点。

梅老师想把学生们对技术的运用融入到她的社会研究课中。她让学生们以小组为单位制作一份关于美国某位开国元勋的数字演示文稿。学生们在网上搜索信息,然后粘贴到演示文稿中。请注意,这种方法无法实现高参与度和高认知度。你会将此活动归入哪个象限?

现在想象一下,梅老师为了让学生们进行更高层次的学习,对任务进行了调整,减少了学生们直接从网上复制信息的机会。她提出了以下四个任务选项,并邀请学生们与伙伴合作完成其中一项任务。

1. 选择一位假如今天还活着的开国元勋,你认为他会成为我们政府中有影响力的领导者。准备一份数字演示文稿,为你的理由辩护。

2. 选择一位在几个方面与你相似的开国元勋。在书面文章中引用历史证据解释这些相似之处。

3. 选择一位你认为对美国政府影响最大的开国元勋。为即将举行的课堂辩论准备一个论据。

4. 选择一位可能被视为叛国者的开国元勋。创建一个网站,用历史证据来论证你的观点。

请注意,在每项任务中,所有学生都必须参与进来,才能共同完成任务。有不同的任务选项和提示,旨在激发学生们的不同兴趣。每项任务都对学生们的认知能力提出了很高的要求,需要学生们进行高层次的思考。你会将这项活动归入哪个象限?

当教师们设计出有效的任务时,学生们就能参与其中并接受挑战。

教师们可以通过制定有效的教学计划对认知参与产生积极影响。当教师将创造性和批判性思维任务与有趣且有吸引力的活动相结合时，学生们就会参与其中，并掌握学习的主动权。

思考与实践

思考题

请回顾本章内容并思考下列 5 个问题。

1. 你如何定义参与？

2. 你如何定义认知参与？

3. 你的学生们如何从高认知度和高参与度的教学活动中获益？

4. 在课堂上，你能找出哪两个导致学生不参与课堂的原因？

5. 本章介绍的哪些研究对你最有说服力？

实践题

请组织以下 3 项活动，将本章的概念应用到你的课堂教学中。

1. 将本章中提出的一个观点用于或改编用于你的课堂。

2. 让一位同事观察你的课堂，并根据认知参与象限对课堂进行分类（Himmele & Himmele, 2011）。

3. 制作一张关于课堂上学生行为的列表，并将其分为"参与"和"不参与"两类。你在阅读本书的过程中把它放在会提醒你再次阅读的地方，这样你就可以监控课堂，发现学生参与度提高的迹象。

第二章
将活动融入课堂

　　德鲁是一位受欢迎且性格好的学生,也是一名足球运动员。他上课很积极且很少调皮捣蛋。不过,我确实注意到他的行为有不寻常的地方。虽然这并不会给我造成干扰,但德鲁有在课堂上多次站起来削铅笔的习惯。当他回到座位后,他又重新集中注意力开始学习。

　　只是事后看来,我才理解德鲁的行为:我认为重复削铅笔的动作是他专注于课堂任务的一种方式。我怎样才能设计一个课堂,让像德鲁这样的学生不需要做出不必要的削铅笔行为,而是可以边活动边学习?

　　在第一章(第5页)中,我们探讨了认知参与在提高学生整体参与度方面的作用。在谈论活动之前,我先奠定了认知参与的基础,原因在于:将活动融入教学不仅仅是让学生为了乐趣而活动。活动融合是一种使用活动去促进学习的教学设计方式。当教师认识到学生是一个完整的人(能理解身体和大脑不是分离的而是相互关联的,并且错综复杂地参与学习过程中)时,他们就能够设计出让每位学生单独参与和课堂集体参与的教学。

在本章中,我将讨论活动习惯的历史变化如何对学生产生负面影响,以及活动融合的好处如何抵消这些影响。我概述了活动融合的4种主要类型:(1)基于专注,(2)以大脑为中心,(3)基于游戏,(4)内容导向。最后,我强调活动融合是促进认知参与的强大工具。本章以"思考题"和"实践题"结束。

活动的历史变化

随着时间的推移,社会和教育的变化导致了北美(Woessner, Tacey, Levinger-Limor, Parker, Levinger&Levinger, 2021)和世界范围内(López-Bueno, López-Sánchez, Casajús, Calatayud, Tully, & Smith, 2021)学生活动量的减少。学校已经减少了学生在校时上体育课的时间,而电子游戏也取代了学生在课后进行的许多体育活动。不幸的是,这种做法适得其反。正如发育分子生物学家约翰·梅迪纳(2008)所写,"为了取得更好的考试成绩而停止体育锻炼(最有可能促进认知能力的活动)就像试图通过挨饿来增加体重一样"(p. 25)。

学生在校期间不间断久坐的时间最多,因为课堂文化要求他们长时间坐着并保持安静。研究表明,初中生一天中高达70%的时间都是坐着的(Carson et al., 2013)。这种久坐不动的环境令人担忧,因为它与早期青少年学生保持注意力和专注于任务的能力较低有关(Van der Niet, Smith, Scherder, Oosterlaan, Hartman, & Visscher, 2014)。

幸运的是,研究表明动觉学习策略可以提高学习成绩。20世纪30

年代,研究人员开始探索认知与身体活动之间的联系,发现大脑中运动与思维之间存在关联(Hillman, Erickson, & Kramer, 2008)。大脑中处理运动的部分也处理学习(Middleton & Strick, 1994)。

以下研究人员还发现,通过身体活动增加氧气可以改善大脑功能。

- 当学生身体活动时,他们的大脑会获得更多的氧气,从而增加能量,减轻压力,并使他们能够为学习做好准备(Merriam & Bierema, 2013)。

- 身体活动可以通过增加大脑的血流量、为大脑注入更多的氧气和葡萄糖,以此对认知产生积极影响,从而改善大脑的功能(Hall, 2007)。

- 仅仅站立就能在几秒钟内使心率和血流量增加约 5% 到 8% (Krock & Hartung, 1992)。

这些发现给教师的启示是什么?身体活动可以增强认知功能,从而支持学生的长期学习。当学生通过身体活动学习时,他们会建立新的、更强大的神经连接来增强记忆。

活动融合的益处

正如我在前言(第 1 页)中提到的,这本书建立在具身认知的基础上,这一研究领域不是将身体和心灵作为独立的实体,而是将它们作为一个整合的系统进行研究。在以下章节中,我们将探讨将活动融入课堂的四大主要益处:(1)健康成效;(2)合作文化;(3)学业成就;(4)课堂管理。虽然大多数教师都认为最大限度地启发学生的思维很重要,但一些教师认为运动更适合小学生。然而,融合活动的积极意义适用于所有水平的学习者。

健康成效

许多行业将身体活动融入工作场所,以提高参与度、改善健康状况并提高生产力。企业界利用步行会议来促进健康的生活方式,并将思考与行走结合起来(Clayton, Thomas & Smothers, 2015)。北卡罗来纳州的"精吃、多动"的指导专业人士将身体活动作为会议和活动的一部分,其中包括组织集体步行、提供前往当地娱乐中心的免费通行证以及将运动休息纳入议程等想法(North Carolina Department of Health and Human Services, n. d.)。托尼·杨西在她的 TED 演讲《对腰围有益的就是对底线有益的》(*What's Good for the Waistline is Good for the Bottom Line*)中(TED, 2012)断言,即使是少量运动也可以提高成人和学生的注意力、参与度、自我效能、能量水平、认知加工和士气。身体锻炼与健康成效相关,包括情绪健康、改善睡眠以及更轻松地完成日常任务(2018 Physical Activity Guidelines Advisory Committee, 2018)。

研究表明,将身体活动纳入教学也能促进学生的健康。在一项针对初等数学课程的研究中,研究人员跟踪了将身体活动融入学习的学生,并用计步器和加速度计进行了测量。在活跃的课堂上,学生们进行身体活动,例如在游戏中通过移动身体来表明正确或错误的陈述,以及用分组的方式来说明分数。相反,在不活跃的课堂上,学生们则遵循传统课程模式。参加身体活动的数学班的学生一整天都要比非干预组的学生更加活跃(Erwin, Abel, Beighle & Beets, 2011)。

研究还表明,在久坐不动的课堂上,学生的健康会受到负面影响。

例如,2016 年的一项研究发现,长时间坐在教室里的学生在一系列心脏代谢指标上反映出更差的身体状况(Carson et al., 2016)。许多其他研究也证实,积极的身体活动课堂教学可以对儿童的身体活动水平产生积极影响(Norris, Shelton, Dunsmuir, Duke-Williams, & Stamatakis, 2015; Owen, Parker, Van Zenden, MacMillan, Astell-Burt, & Lonsdale, 2016; Watson, Timperio, Brown, Best, & Hesketh, 2017)。

合作文化

让学生通过身体活动来学习开启了通往课堂合作文化的大门。学生身体活动的增加可以提高学习的兴趣和热情(Mavilidi, Okely, Chandler, & Paas, 2016; Vazou & Skrade, 2017)。教师直观地了解到研究建议:当学生们积极合作而不是安静地坐着完成个人任务时,他们会更加活跃、兴奋并投入到课堂学习中。苏珊娜·林特教授与斯塔西亚·米勒教授也发现,当课程融合活动时,学生的热情、参与度和注意力都会显著提高。

此外,利用结对、小组和游戏的方法邀请所有学生参与并共同创造学习,营造一个充满活力和支持性的环境。哈蒙德(转引自 Rebora, 2021)认为,当教师创造能激发学生内在好奇心的环境时,就会提高课堂的参与度和公平性:

> 当我们把公平看作是确保每位学生都能达到他们的智力水平时,这样他们就可以承担更重的认知负担(例如,他们可以参与严格的深度学习),然后我们就会看到能激发学生信息加工和意义构建的

好奇心和参与度有多么关键……对我来说,问题是:我们在为学生创造求知欲强的课堂环境方面做得够不够?这个问题通常不在于学生,他们在某种程度上总是带着求知欲的。问题在于我们所创造的环境。

除了支持学生的好奇心,教师还有机会验证不同的学习方式,确保各种技能和兴趣是财富,并弘扬多元文化。盖伊(2000)解释道:

合作性小组的学习安排和同伴辅导非常适合非洲、亚洲、原住民和拉丁美洲群体的公共文化体系(Gay, 2000; Spring, 1995)……教学中的动作、音乐、任务和形式的频繁变化、新颖性以及戏剧性元素可以提高学业成绩与文化相关的例子对不同种族学生的学业成绩有积极的影响(p.112-113)。

在充满活力的课堂环境中,学生们经常合作,将自己的优势融入团队,并以符合其家庭文化的方式参与,从而最大限度地提高学生的参与度。

学业成就

由于身体活动对促进学习有积极作用,包括提高学习者的动机和士气,因此数据支持动觉学习体验可以带来丰硕的学业成果也就不足为奇了。当学生活动时,身体会帮助大脑进行更高层次的思考、创造和表现(Holt, Bartee, & Heelan, 2013)。

请考虑以下发现：

- 研究人员安妮·墨菲·保罗（2021）发现，在学习时参与活动的学生能够记住 76% 的内容，相比之下，那些不参与活动而死记硬背的学生只能记住 37% 的内容。即使是低认知任务，学生的活动也可以提高学业成绩。

- 当教师利用基于课堂的身体活动时，学生们在数学和流畅阅读等核心科目上的知识、技能和考试成绩都会有所提高（Adams-Blair & Oliver, 2011; Browning, Edson, Kimani, & Aslan-Tutak, 2014; Erwin, Fedewa, & Ahn, 2012）。活动通常会激发学生的兴趣，从而提高参与度和认知度。

- 关于二年级至五年级的研究表明，融合学生活动后，数学成绩、阅读流畅性和课堂参与度都会显著提高（Szabo-Reed, Willis, Lee, Hillman, Washburn, & Donnelly, 2019; Vazou & Skrade, 2017）。虽然有些学生可能对数学缺乏兴趣，但当教师有效地将活动融入数学原理的学习时，成绩就会提高。

- 2018 年的一项研究发现，与不步行的学生相比，步行 10 分钟的学生在数学问题解决任务中的得分显著更高（Mualem et al., 2018）。

除了提高学业成绩外，身体活动干预还可以增强儿童的执行功能技能，包括工作记忆、灵活思维和自我控制能力（Egger, Conzelmann, & Schmidt, 2018; Schmidt, Jäger, Egger, Roebers, & Conzelmann, 2015）。这些核心执行功能是学生社交、生理、心理和情感发展的基础。研究人员米尔克·施密特及其同事（2017）断言，这些领域的适当发展与入学准备和学业成绩呈正相关。尽管一些教育工作者认为将学生活动纳入其中的教学策略是幼稚的或浪费时间的,但研究结果与这些观点相矛盾。身体活动对所有年龄段学生的学业成绩都有积极影响。

课堂管理

当你长时间坐着完成一项任务时,是否经常注意力不集中? 我是这样的! 那些被要求长时间坐着不动的学生经常会表现出消极的行为。那些难以专心致志、保持注意力和集中精力完成常规任务的学生,往往会以不专注于任务的行为来应对,从而给课堂管理带来挑战。

教师可以通过将活动融入课堂来应对这些影响。数据显示,活动融合对学生专注于任务的能力有积极影响(Owenet al., 2016; Watson et al., 2017)。此外,学生主动学习的经验已被证明可以减少课堂管理问题(Centers for Disease Control and Prevention, 2014; Ferlazzo, 2020)。研究表明,每天的课间休息或课堂上的身体活动可以减少不专注任务的行为并增加适当的行为(Camahalan & Ipock, 2015; Jarrett, Maxwell, Dickerson, Hoge, Davies, & Yetley, 1998)。研究人员法耶·玛莎·卡马哈兰和阿曼达·伊波克报告称,身体活动性休息可以提高注意力并保持积极的课堂行为。

无论我们谈论的是课间休息还是教学中短暂的身体休息,这些活动机会都为学生提供了适当的时间和方式来重新集中注意力。活动不仅有利于学生,也改善了教师的课堂环境。拉里·费拉佐老师(2020)在为《教育周刊》撰写的文章中指出,"改善学生态度、提高其记忆力和注意力的最有效(且免费)的方法之一,就是引导学生进行简单的身体活动"。当学生有机会通过活动来学习时,全班同学都会受益。

活动融合的类型

虽然活动融合在小学很常见，但在初高中并不普遍，这可能是中学教育不参与现象日益严重的原因（ASCD，2016）。将活动融入课堂的方法有很多种，我将在以下各节中讨论。回想一下第二章开头的场景（第 13 页）。对于像德鲁这样需要身体活动来保持参与的学生来说，基于专注的活动可能会有所帮助。基于大脑的活动适合打破冗长的教学并帮助学生恢复活力。教师可以选择基于游戏的活动来鼓舞士气，让学生与同伴交流或发泄情绪。最后，当教师选择内容导向的策略，将教学内容与活动结合起来，提高认知参与度时，也有可能将活动提高一个水平。

基于专注

坐立不安的行为（比如学生敲手指、抖腿或踢桌腿）这些在课堂上历来是不被允许的。然而，心理学家凯里·海勒（2017）写道，专业人士和家长开始认识到他们可以利用控制坐立不安的行为来帮助学生提高注意力："当人们感到无聊、注意力不集中和缺乏刺激时，他们就会坐立不安……控制（而不是阻止）坐立不安的行为将不受控制的敲手指、抖腿等变成受控制的动作。反过来，这也可以提高注意力。"考虑以下想法，为好动的学生提供一些小方法来提高注意力（根据中小学生的需要进行调整）。

- **教具**：在课堂上学生可以使用的篮子中，放一些课堂允许的教具，例如以下物品。

- 压力球
- 橡皮泥
- 指尖陀螺
- 脑筋急转弯谜题

- **活力剂:**通过短暂的活动休息时间来中断长时间的久坐或独立学习的状态,以帮助学生重新集中注意力并增强活力,例如以下活动。

  - 掷骰子或选择一张编号卡,以指导学生将进行某个动作的重复次数。
  - 在冰棍棒上写下几个不同的动作。学生可以选择一根棍子,然后全班同学一起做该动作。
  - 对学生说:"如果你准备好学习了,请_____"用一个动作填空(例如,拍手两次或跺脚三下)。
  - 指导学生触摸两面墙并返回座位。
  - 指导学生站立并伸展休息。

以大脑为中心

研究表明,经过 20 分钟的缜密思考,大脑会耗尽其储存的营养物质,主要是葡萄糖(Ampel, Muraven, & McNay, 2018;Hattie & Yates, 2014;Sousa, 2012)。这可能会导致学生们在超过 20 分钟的课程中或结束时走神。为了给学生的大脑注入活力,可在教学中提供短暂的大脑休息时间。

基于游戏

游戏是让全班同学在课间休息时都能参与活动的好方法。有些课堂游戏只是为了享受乐趣、分享欢笑和暂停学习,而其他游戏则包含思考成分。考虑以下选项,并进行调整以满足学生的独特需求。

- **侦探**:指定一名学生担任侦探,另一名学生担任指挥者。指导全班同学完成一个动作(例如,拍手)。当侦探睁开眼睛时,指挥者改变了动作。侦探试图确定哪个同学是指挥者。

- **吹气球**:吹起一个气球,将全班同学分成若干小组。指导学生要么坐在座位上、要么在地板上选择一个位置或者站在原地。各组努力让气球保持在空中,不让它落地。教师还可以添加更多的气球来增加挑战。

- **石头剪刀布**:指导学生分成两人组进行几轮石头剪刀布。为了延长游戏时间,可以举办一场比赛。

- **你愿意**:在教室的两侧,根据两个答案选项,为学生指定位置。喊出"你愿意……?"让学生们移动到代表他们选择的教室一侧。

- **击掌或击拳**:指导学生在两分钟内与尽可能多的同学击掌或击拳。

- **雕像**:指导学生们分散在教室各处。播放音乐并让学生跳舞、在教室里走动或完成下蹲、弓步、手部动作或面部表情等肢体任务。当音乐停止时,学生必须静止不动。

- **批判性思维和动觉挑战**:让学生们挑战仅使用跳绳、踏板车和一把椅子,在不接触地板的情况下移动到教室的另一侧。

虽然基于专注、以大脑为中心以及全班活动的策略都对学生有益,但教师可能更希望通过将活动与教学内容相结合的方式开展教学。

内容导向

为了最大限度地利用时间并涵盖教学标准中出现的学习内容,教师有时会忽视那些不以学业成绩为目标的策略。实际上,身体活动可以结合教学内容,以满足学生的运动需求并取得学业成绩。尽管学生在活动休息时注意力会更好,但当身体活动与学科类学习相结合时,他们可以获得最显著的学习效果(Dinkel, Schaffer, Snyder, & Lee, 2017; Mullins, Michaliszyn, Kelly-Miller, & Groll, 2019)。研究人员大卫·布莱扎和辛西娅·波拉德(2022)发现,那些报告学生参与水平高、考试成绩高的教师,通常会让学生们结对或小组合作、使用触觉物品或玩游戏来解决问题。此外,研究表明教师喜欢这种方法(Dinkel, Schaffer, Snyder, & Lee, 2017; Mullins, Michaliszyn, Kelly-Miller, & Groll, 2019)。

虽然在课堂上进行的身体活动并不是像在健身房或操场上那样可行,但最好的选择是在教授内容的同时融入学生的身体活动。当教师在正常教学时间内将身体活动纳入普通教育课堂时,就会发生活动融合(Webster, Russ, Vazou, Goh, & Erwin, 2015)。

考虑以下适合所有科目的建议,这些建议可以根据不同的年龄层和独特需求进行调整。

- 学生站着完成黑板上的问题,完成后坐下。
- 学生使用歌曲中的手势来学习概念。
- 学生建立并使用手势来表示特定概念、词汇术语或抽象概念。
- 学生参与虚拟和增强现实模拟活动,例如设计、建造和测试风力涡轮机或参观研究站并利用技术探索融于水中的细菌。

- 学生通过将大拇指朝上或朝下、举起手臂表示同意或用手臂做"X"型表示不同意或者举起卡片(例如,对错卡、多项选择题答题卡或术语卡)来快问快答。
- 学生在网站视频频道上制作复习视频作为结课活动。
- 学生站着直到能够回答教师提出的问题。
- 学生们在纸上记录自己对具体内容的思考,然后站起来与另一位学生结对并比较想法。
- 学生朝任意方向走 7 步,然后找一名伙伴讨论。
- 学生组成小组,每个参与者在来回传球的同时,说出自己在本课中学到的东西。
- 学生以小组为单位玩"叠叠高"游戏,轮流回答复习表上的问题。当小组核对答案正确后,该小组的一名学生会拉出一块积木机。
- 学生回应贴在黑板上的陈述,认为该陈述正确的学生进行开合跳,认为该陈述不正确的学生进行深蹲。

考虑以下按科目整理的一些建议:

语文或英语课:以下活动非常适合语文或英语课,并可根据学生的年龄和独特需求进行调整。

- 当教师在句子中使用关键词时,学生会做出跳的动作。
- 学生在拼写单词时,每写一个字母做一次开合跳。
- 当学生拿到标点符号和单词卡时,根据卡片顺序排好队,以组成一个完整的句子。
- 学生在泥土、沙子或剃须膏上临摹单词。
- 学生表演一首诗中的一节或一个故事的关键部分。

数学课：以下活动在数学课程上效果很好，可以根据学生的年龄和独特需求进行调整。

- 学生代表数轴上的一个数字，向前走一定的步数来表示加法，向后走一定步数来表示减法。
- 在回顾当天的日历时，学生会为每个月的这一天都做一次深蹲。
- 学生跳到代表数学问题正确答案的数字方块上。
- 学生寻找出隐藏在教室中的 10 道应用题，然后解决它们。
- 学生分析由同伴完成的两个复杂的数学情境。教师将情境放置在教室的两侧，并指导学生移动到他们认为最准确的解决方案所在一侧。学生们与同伴讨论他们的理由。

STEM 课：以下活动非常适合 STEM 课程可以根据学生的年龄和独特需求进行调整。

- 学生创造手势来代表水循环的每个环节。
- 学生进行科学实验室的探索活动。例如，学生使用三种不同的肥料，分析豆类植物的生长速度。
- 学生与同伴背靠背坐着，双臂紧锁，然后尝试站起来。他们分析牛顿三大定律如何适用于他们的情况。
- 学生通过设计思维导图来复习关键概念，该思维导图将本单元所学的概念联系起来，并将其张贴在教室四周的墙上。
- 学生在教室里四处走动，回答贴在墙上的有关实验室的思考题。

社会研究课：以下活动非常适合社会研究课程，可根据学生的年龄和独特需求进行调整。

- 学生轮流在各个站点分析涉及美国《权利法案》的案例研究。

- 学生假扮成海洋考古学家,通过在地板上爬行来寻找文物,并取回一张卡片,上面有早期探险家发现的物品的图片和描述。学生分析能揭示探险家动机的图像和信息。
- 学生创作木偶剧来概括一个历史事件。
- 学生为一首概括了历史时期或历史事件的流行歌曲编写新歌词,并为同伴表演出来。

推动参与度的六个关键因素

本书的其余章节提供了 30 多个策略,帮助教师通过思考任务来最大限度地提高学生的认知参与度,这些思考任务以教学内容为重点,同时融入了学生的身体活动。是什么让认知任务与身体活动相结合,从而创造参与? 教育家迈克·安德森(2021)指出,通过身体活动学习可以激活六个关键的内在动机。

1. 自主性:让学生们对自己的学习方式掌握一定的权力和选择是一种激励。教师可以让学生们选择独自学习或与同伴合作,也可以允许学生选择同伴。支持自主性的另一种方式是让学生选择作业。教师可以向学生提供几个提示或任务,让他们选择一个来完成。最后,可以考虑允许学生选择他们想要在教室里学习的地方:在自己的桌子上、椅子上或者小组桌上。

2. 归属感:学生的基本需求之一是与同伴建立联系。运动任务通常包括与同伴、小组或团队的对话,从而建立了这些联系,并促进了学生之间的积极关系。

3. 能力：学生想知道自己正在不断成长且变得更聪明。通过以教学内容为重点的运动活动，可以加深学生的理解，并让其体验更高水平的能力。

4. 目的：当教师确保课程能说明学生学习该主题或技能的原因时，学生就更有可能参与其中；因为他们了解学习背后的目的。为了与学习目的建立更紧密的联系，可以利用教学内容来帮助学生解决现实生活中的问题，例如为学校体育馆建造残疾人专用的坡道或为当地企业策划一场广告活动。课程还可以与学生自身建立特定的联系。询问学生："你对这个话题有什么看法？"并推动课堂讨论。在开始活动之前，要阐明学习的目的。将学生的身体活动与学习内容联系起来，可以增强学生对活动的意义感。

5. 乐趣：学习不一定是苦差事！身体活动任务使课堂充满刺激和新鲜感，并激发了学生参与有意义的学习任务的兴趣。内在动机比外在动机更持久、更有力。虽然基于教科书的教学有时是一种宝贵的学习体验，但结合身体活动可以激发学生对学习内容的认知兴趣。

6. 好奇心：与学生的兴趣和好奇心相关的课程可以激发内在动机。学生可能有一种自然趋势，会忽略周围发生的大部分事情，有选择性地注意到有趣、新奇或有吸引力的事物。活动任务可以引入新奇的元素和有价值的问题来挑战学生的思维。

当教师融合学生活动时，这六个关键激励因素会推动学生的热情和参与。当你阅读本书中的策略并将其融入你的课堂时，请牢记这六个因素。注意你所使用的策略是否体现了这些因素，如果没有，请考虑如何调整。

思考与实践

思考题

请回顾本章内容并思考下列五个问题。

1. 你目前使用哪些主动学习策略来优化学习？

2. 你最看重活动融合给学生带来的哪些益处？

3. 基于这些概念，你对将活动融入到你的课堂有什么愿景？

4. 你如何看待安德森(2021)提出的六个关键激励因素在你的课堂教学中的存在(或缺失)？

5. 在安德森(2021)的六个关键激励因素中，哪些因素可以通过在课堂中融入更多活动来增强？

实践题

通过组织以下 3 项活动，将本章的概念应用到你的课堂教学中。

1. 选择本章中提出的一个观点，并在课堂上使用或调整。

2. 让一位同事观察你的课堂，并提出增强学生在课堂上身体活动的建议。

3. 观察一位以成功融入学生活动而闻名的教师，并记录一些将他们的实践应用到你的课堂的方法。

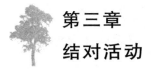

第三章
结对活动

马克尔老师给每位学生分发一张图表。第一列包含与班级近期讲授的健康单元相关的 3 个问题,第二列留有空间供学生们填写答案。学生们独立在第二列中写下自己的答案。在规定的活动时间结束后,他们站起来结对。学生们两人一组站在教室里,与同伴分享他们的答案,并在图表的第三列中写下同伴对每个问题的回答。完成与同伴的讨论后,学生找到第二个同伴并重复上述过程,然后将新同伴的回答写在第四列。然后,学生们回到座位上,教师会给他们几分钟时间,让他们默默地查看同伴的不同观点。马克尔老师组织课堂讨论,邀请学生们探讨不同观点的原因。

关于马克尔老师的课堂,你观察到什么? 学生们结对学习可能带来哪些益处? 你认为马克尔老师的学生在学习过程中是否投入?

教师提出记忆性问题并要求一名学生回答的教学模式造成学生参与水平低。然而,绝大多数课堂仍然依赖这种方法。虽然这种方法可以检查学生的理解程度,但并不能让所有学生都参与到我们在前几章中讨论过的许多关键方法中来。这种方法无法为学生们提供有意义的讨论、新颖的学习体验、共同创造学习的机会、获得更高层次思维以及文化响应能力。

相比之下,当学生们通过合作活动学习(与同伴交流和分享想法)时,他们会进入更高阶的应用和迁移阶段,并更成功地参与其中。教师的指导仍然在课堂上占有一席之地,例如建立关于新内容的基础背景。然而,一旦学生掌握了关于某个主题的足够信息,他们就可以结对学习,在这些想法之间建立联系。

在本章中,我将分享学生们与同伴合作讨论教师指定问题的好处。我概述了融入同伴讨论所需的准备步骤。最后,我将为你提供通过同伴对话将活动融入课堂的 11 个策略。

结对学习的益处

学生们结对学习是什么样子的? 理想的与同伴进行的课堂讨论包括大胆思考、倾听他人、质疑、辩解和探索(Fisher, Frey, & Hattie, 2020)。在焦点讨论中,学生们用自己的话表述他们学到了什么以及他们想知道什么,从而加深理解。这些对话是提高学生参与度的关键:它们使学生在学习学科内容的同时获得沟通和社交技能,这对每个年级和科目都很重要,对未来就业也至关重要。(Hernandez, 2018)。

合作学习不是像讲授式教学那样从教师的单一视角进行学习,而是让学生们有机会接触到来自不同家庭文化的学生的不同想法和观点。学生可以通过提供更多证据去补充另一种观点,也可以再另外提出一种观点。这些观点可以启发学生进行有深度的批评和反馈。当学生在讨论中学会用证据支持自己的想法时,他们可能会发现自己在新信息的基础上修改了自己的想法。这些同伴讨论的另一个好处就是它们使学生的学习变得可见,并强化了课堂(Ostroff, 2020)。

研究表明,交流是教师在课堂上促进学生提高成绩的最有效方法之一(Hammond, 2020; Hattie, 2012)。教育学教授约翰·哈蒂认为,同伴间的对话是加强教学的一种重要方式,其效应值为 0.82,这意味着一年内的学业成长价值要超过两年的(Fisher, Frey, & Hattie, 2016)。此外,当学生们对课文进行深入的讨论时,他们的考试成绩和整体学业成绩都会更高(Hoffer, 2020; U.S. Department of Education, 2013)。让学生讨论并不是浪费时间,而是一个可以使学生对教学内容加深理解的机会,从而取得丰硕的学业成果。

遗憾的是,并非所有学生都能获得研究中所描述的好处。有些学生需要额外帮助才能参与讨论。讨论框架是赋予学生们有效参与能力的有用工具(U.S. Department of Education, 2013)。表 3.1 包括教师可向学生提供的一些讨论框架,以促进学生与同伴的对话。

表 3.1　讨论框架

目的	讨论框架
同意	你提出了一个很好的观点,关于…… 我的想法建立在＿＿＿＿的想法基础上……
不同意	那是一个好观点,但我认为…… 我明白你的意思。你有没有想过……?

目的	讨论框架
澄清	换句话说,你是在说……? 我有一个关于……的问题。 你能解释一下……吗?
联系	这让我想起了…… 这类似于……

学生们可能需要时间、练习和一些指导,才能成功地与同伴对话。只要精心策划,教师就能让学生们做好参与讨论的准备。

为讨论做准备的步骤

不习惯合作学习的学生们需要练习和帮助,才能成功过渡到两人一组的学习中。通过建立环境、选择同伴和提前提出问题,让学生们做好与同伴合作的准备。

建立环境

在准备好与同伴讨论之前,学生们可能需要一个机会来加深对话题的理解。问问自己:我的学生们需要知道什么才能参与讨论?然后设计一个学生们可以完成的任务,让他们做好相应的准备,无论是阅读文本、分析图表还是回顾引文。如有必要,可加入形成性评估,以获得学生在理解方面所存在的任何差距的反馈。

例如,设想一位教师认识到他的学生对即将讨论的关键术语有不同的理解。他让学生制作一本词汇笔记本(或电子版),其中包括每个术语,以及这个术语的一个非语言表述、一个正例和一个反例。为了激活环境知识并澄清内容,教师会让学生们绘制概念图或思维导图,并收集这些图作为一种形成性评估,以分析在理解上所存在的差距。然后,教师利用这些形成性数据设计问题来供同伴讨论,以消除误解。

选择同伴

建立有效的讨论小组非常重要。在考虑如何让学生们结对时,教师需要决定是分配同伴还是允许学生自行选择。当学生选择同伴时,他们有时会选择自己的朋友,这与其说是一种合作,不如说是一种分心。不过,教师可以设定期望,引导学生选择合适的伙伴。例如,教师可以指导学生们与组织能力强或富有创造性思维的学生结对。如果教师决定为学生们选择同伴群体,则应考虑学生们的学习优势、社交技能、家庭文化和独特需求,以建立最佳的同伴关系。正如作家兼戏剧教师凯瑞·希森所指出的,每种方法都有利有弊,因此,请思考对学生们的影响,选择最适合自己班级的方法,并根据需要设定期望。

如果你指定了同伴,可以用创造性方式向学生们传达结对信息(而不仅仅是点名或张贴名单)来与学生沟通,让他们投入到上述过程中。可以为你班级里正在交流中的同伴小组考虑以下创造性的策略。

- 对于小学课堂,给每位学生一个名字,该名字是一对著名组合中的一半(例如,米妮),并指导他们找到与之匹配的同伴。
- 对于中学课堂,向一名同伴提供一个乐队的名字,并指导他们找到拥有该乐队歌名的另一名同伴。

考虑以下创造性的随机结对方法。

- 指导学生们按照鞋码、头发长度、衣服纽扣数量或其他标准排好队。让学生与站在自己旁边的人结对。

- 使用在线应用(Team Shake)等工具将学生们随机分配到各组。
- 指导学生找到一名与你选择标准相同的同伴(例如,穿着相同颜色的衣服或有相同的中间名首字母、眼睛颜色或生日月份)。

考虑采用以下创造性方法,让学生们选择自己的同伴。

- 允许学生们报名与自己选择的同伴合作。例如,学生可以在一周内选择 3 名不同的同伴合作。告诉学生们,当他们选择同伴时,要在纸上的编号位置写下同伴的名字,另一人也要这样做。
- 请学生们通过交换彩色卡片来选择同伴。例如,指导学生们在一周内选择两名不同的同伴合作,并给每名学生两张不同颜色的卡片(例如,每名学生收到一张红色卡片和一张蓝色卡片)。学生们在卡片上写下自己的名字,并站起来与另一名学生交换自己的卡片。然后,每名学生都会有两张新卡片,上面分别写着一个红色同伴和一个蓝色同伴的名字。

提出问题

成功的同伴讨论由高层次问题推动出能帮助同伴进行更高层次思考的一些问题,重点是提出能激发学生们对话题兴趣的问题。确保问题是开放式的,没有正确答案。教师在上课时可以提出以下一些强有力的问题(Alber, 2013; TeachThought 2022)。

- 你如何看待_____?
- 为什么这样认为?
- 你如何知道_____?
- 你能告诉我更多关于_____的信息吗?

- 你还有哪些问题？

- 你想指出哪些证据来支持（或反驳）＿＿＿＿＿？

- 最重要的观点是什么？解释你的想法。

- ＿＿＿＿＿＿＿＿＿的优缺点是什么？

- 与＿＿＿＿＿的关系如何？

- 你还会补充什么其他想法？

- 你将如何改进这一设计（或想法）？

- 如果＿＿＿＿＿，接下来可能会发生什么？

或者，教师可以选择一个当前的问题，让学生们提出正反两方面的论点，并留出时间让同伴之间进行辩论。可以想象这可能会引发激烈的讨论。为学生们配备进行成功辩论所需的工具。布莱恩·斯坦菲尔德（2000）提出的 ORID 协议〔ORID 是感知（objective）、反应（reflective）、判断（interpretive）、决定（decisional）的缩写形式，又称"焦点讨论法"〕就是这样一种工具，该协议适用于战略性提问——客观性问题、反映性问题、诠释性问题、决定性问题。ORID 协议帮助学生们分析复杂的主题（如改进政府系统、改革刑事司法系统或理解先进的文学作品）并通过探索以下因素来解决气候变化等现实问题（Stanfield, 2000）：

- 客观性问题：已知的事实

- 反映性问题：人们对话题的感受，或喜欢什么、不喜欢什么

- 诠释性问题：问题或挑战（我们如何＿＿＿＿＿？如果我们＿＿＿＿＿？）

- 决定性问题：决定或回应，其中可能包括附有行动步骤的解决方案

表 3.2 包含一张工作表,你可以提供给学生们以帮助他们准备使用 ORID 协议的辩论。

表 3.2　使用 ORID 协议准备辩论

辩论工作表		
讨论层面	目的	考虑的问题
客观性问题	确定你对这一主题所知的事实。	你注意到了什么? 你已经知道了什么? 你还需要知道什么?
反映性问题	确定学生对这一话题的看法,以及学生喜欢或不喜欢这一话题的原因。	是什么因素使这一话题变得复杂? 谁会受到这一问题的影响?
诠释性问题	认识到围绕这一话题出现的问题或挑战。	是什么使这个话题备受争议?
决定性问题	做出决定或选择对策,包括适当的行动步骤。	我们要采取哪些应对措施?

当全班同学都习惯于同伴讨论时,教师可以通过让学生们提出自己的问题来逐步移交更多的责任。许多教师习惯于问学生:"你有什么问题吗?"然后给学生几秒钟的思考时间。但是,教师必须为学生们提供足够的时间以及安静的空间,让学生能够深思熟虑地提出高层次问题。教师可以考虑采用以下策略来帮助学生们撰写分析性问题。

- 陈述和问题:课堂结束时,要求学生们确定本课中最重要的一点,并提出一个相应的悬而未决的问题。

- 最困惑的点:让学生们说出最令人困惑(最模糊)的一点,以此结束课堂。

将这些问题和困惑点作为第二天同伴讨论的重点。在开始讨论时，一些学生已经准备好直接参与讨论，而另一些学生则可能需要练习和帮助才能熟练地进行两人对话。通过长期培养新习惯，教师和学生将构建出一种高水平同伴讨论的课堂文化。最后，本章的建议和策略旨在提供灵活的工具。你比任何人都更了解自己的课堂和学生。花点时间思考一下你所读到的内容，并考虑在课堂上实施这些工具的最有效方法。最重要的是要创造一种环境，能够让学生们感到他们可以安全地表达自己，并相信他们是可以共同创造学习的。教师可以采取以下一些具体措施来营造有利于有效对话的环境(Kentucky Department of Education, 2020)。

- 提出高层次问题
- 利用等待时间让所有学生思考并完善自己的想法
- 倾听学生们的想法
- 总结学生们的观点
- 提出新的问题添加到对话中
- 肯定并帮助学生们扩展他们的理解

如果安排得当，同伴讨论可以提高学生的参与度和批判性思维。为了充分利用学生讨论的强大优势，本章介绍了 11 个策略，这些策略利用同伴对话活动来挑战学生们更高层次的思维。

策略 1　找专家

"找专家"让学生们在教室里四处走动并与其他学生合作，了解他人对某一话题的看法，然后重新审视自己的答案。学生们可以从同伴的答

案中获得新的视角,并发现其中的误解。正如你在本章开头马克尔老师
的课堂例子中所读到的,"**找专家**"可以让学生在个性化的情境中应用所
学知识,从而获得不同的视角。为帮助学生运用这一策略,可为他们提
供如表 3.3 所示的图表。

表 3.3　整理表示例

问题	
有什么证据证明 这是一种化学变化?	你可以用什么方法 向同伴展示化学变化?
我的回答	
我注意到了气味变化。此外, 温度和颜色也发生了变化。	当你烘烤蛋糕时, 原料先是湿的, 然后变成固体。
同伴 1 的回答	
我闻到了一股气味。	我玩了一个砸鸡蛋的游戏, 试图找出哪些鸡蛋 是煮熟的,哪些不是。 鸡蛋煮熟后会变硬。
同伴 2 的回答	
我看到了温度的变化。	冰箱里的牛奶是液态的,但如果 我把它取出,它就会结块。

课堂示例

　　在科学课上做完一个涉及化学变化的实验后,教师给学生们一
张图表,上面有两个问题,其中包括"有什么证据证明这是一种化学

变化?"。学生们记录下自己的想法后,分成两人一组,分享他们对问题的回答。每位学生都写下自己同伴的名字和答案。然后,学生们在教室里四处走动,找到另一名同伴并重复上述过程,直到他们的桌子上摆满了所有答案。

教学策略实施步骤

请使用以下步骤实施"**找专家**"策略。

1. 制作一张图表(参见表 3.3)供学生们在活动中使用。包括与本课相关的高层次问题。

2. 向每位学生分发一张图表,并指导他们在提供的空白处记录答案。

3. 将学生们分成两人一组,让他们与同伴分享自己的答案,然后记录同伴的姓名和回答。

4. 让学生与第二名同伴重复上述过程。

5. 指导学生们回到座位上,查看他们收集到的回答,必要时修改他们最初的答案。

6. 推动一个关于学生观察的课堂讨论,观察同伴之间的不同观点和想法。

其他形式

你可以使用策略 1 开展其他形式的教学。

● 对于低年级学生,可修改图表,使其只包含一个问题。

● 玩"**找到谁**"的破冰游戏。使用表单或宾果游戏卡,写下电视节目、食物、地点、运动和其他学生感兴趣的名称。学生们在教室里轮流找到自己喜欢的卡片上所列项目的同学。或者,也可以让学生创作方框中出现的提示。

- 尝试结对,即教师给每位学生分发一张卡片,上面有一个概念或它的定义。学生们寻找与自己的卡片相匹配的同伴。

- 玩四个更多游戏,指导学生们写下他们在本课中学到的两个关键想法。学生们在教室里四处走动,选择另外 4 名学生,去分享自己的其中一个想法,并记录下每位同伴的一个想法。

其他科目的教学示例

以下展示了讲授其他科目时使用策略 1 的示例。

- 语文教师为每位学生提供一张图表,其中包含不同类型的句子(简单句、复合句、复杂句和复合-复杂句)。学生们在教室里四处走动,找到能够在表格的每个单元格中识别出句子类型的同伴,然后说明他们是如何得出这一结论的。

- 在复习双变量数据时,数学教师给学生们提供了一张图表,图表中的每个单元格都包含两个定量类别的示例。学生们找一名同伴,轮流说出这两个类别之间的相关类型,并解释自己的答案。活动结束时,学生们用自己的正相关、负相关和无相关示例创建新图表,然后重复上述过程。

- 生物教师将 9 张不同的图像(包括多细胞及单细胞、细胞核和线粒体)投影到黑板上,并指导学生们识别每种细胞的类型和功能。学生们将他们的回答记录在图表中。然后,学生们找到一名同伴,比较答案并证明自己的回答,以进一步解释特定细胞类型或部分功能。最后,学生们寻找一名新同伴,讨论图表上的每一个单元格。

- 在介绍了经济术语并解释了供求关系之后,社会研究教师指导学生们与同伴合作完成包含真实场景的图表。学生们讨论哪些经济术语适用于哪种情境,并将他们的想法记录在图表中。学生们寻找新的同伴完成图表中的每种情境。

- 音乐教师让学生们在教室里四处走动,完成一张识别各种音符值和休止符值的图表,从而复习本课内容。学生们与同伴合作,识别音符和休止符的类型及其在 4/4 拍子中的时值。学生们寻找新的同伴完成图表中的每个单元格。

差异化方案

以下展示了需要额外帮助或拓展学习机会的学生使用策略 1 的示例。

- 针对低层次和高层次思维而设置不同难度级别的问题,其中包括要求学生们总结信息和比较概念的问题。这些问题提供了基础信息。为了向学生们提出挑战,可提出更高层次的问题,鼓励学生们分析引文,将新知识与当前知识联系起来,或将内容与现实生活联系起来。

- 为了支持学生们不同的社交情绪需求,可以寻找创造性方式来结对,例如在每位学生的图表上使用颜色、数字或标签,并指导他们寻找与之匹配纸张的同伴。这可以帮助学生们在发展社交技能时更加自如。

- 对于需要更多帮助的学生,可以给他们一张附有某个问题答案的纸条。指导学生找出与其答案纸条相对应的问题。

● 如果学生们需要在活动开始前与教师讨论话题，可指定一个教师站点供学生访问。

策略 2　思考、分组、分享

"思考、分组、分享"让学生们有时间单独思考某个话题，然后要求他们与其他学生比较自己的想法，完善并展示自己的答案。教师经常会提出高层次思维的问题，并期望学生们在没有充足时间的情况下回答。这一策略让学生们有时间培养并完善自己的思维，然后再与全班同学分享。

课堂示例

数学教师给学生们提供了一个假想房间的信息：房间的尺寸、材料和劳动力成本，以及粉刷房间所需的时间。教师询问粉刷这个房间需要多少油漆。学生们在课桌上计算出答案后，两两结对并拿到一块白板。学生与同伴站在一起，讨论他们的计算结果，并就正确答案达成一致。两人一组坐下并在白板上写下答案。教师要求学生们举起白板展示他们的答案。看到只有部分学生计算正确，然后教师推动课堂讨论以消除误解。

教学策略实施步骤

请使用以下步骤实施"**思考、分组、分享**"策略。

1. 向学生们提出一个问题或难题。

2. 让学生们在自己的课桌上写下答案。

3. 将全班同学分成两人一组,给每对学生一个白板和记号笔。

4. 指导学生们站着与同伴讨论答案。当两人的答案达成一致时,他们就应坐下并将答案写在白板上。

5. 请学生们举起白板,展示他们的答案。

6. 如果答案不正确,应消除误解。

其他形式

你可以使用策略 2 开展其他形式的教学。

- 将问题写在或投影在黑板上,以帮助小学生或者面对特别复杂问题的中学生。

- 尝试思考、结对、分享、分组,一旦学生们记录了自己的答案,就与另一对合并以比较答案。

- 将此策略作为复习游戏,让学生单独或以小组为单位进行复习。先提出复习问题,让学生们有时间写出答案,然后请学生们站起来展示他们的板书。有些教师允许学生站在椅子上。

- 让学生们在每个问题上都与不同的同伴合作。一道题做完后,更换结对小组,以便学生们在每个问题上都有了新的同伴。

- 带领全班进行一决胜负游戏(Kagan, Kagan, & Kagan, 2016),在游戏中,学生们先单独回答问题,然后竖起大拇指向同伴发出信号表示他们已经完成。接下来,同伴们分享他们的答案,以验证答案的正确性。

- 指导学生们根据本课内容写出几个具有挑战性的问题。让他们与同伴一起比较自己的问题,并选出认为最相关或最能引发有效同伴讨论的问题。同伴将他们的最佳问题写在黑板上,以便在全班讨论时分享。

其他科目的教学示例

以下展示了讲授其他科目时使用策略 2 的示例。

- 语文教师在复习比喻、拟人和夸张三种修辞手法时,会在黑板上展示一句引文,要求学生们总结这句引文是比喻、拟人还是夸张,然后证明自己的答案。将答案写在纸上后,学生们两人一组,站着讨论他们的结论。讨论结束后,学生们坐下来在他们的白板上写下答案。然后两人将其举过头顶,以便全班同学复习。

- 数学教师指导学生们绘制模型,以解决一个案例题。学生们首先在纸上画出自己的模型,然后两人一组展示并解释自己的模型。同伴决定哪个模型最好,并准备与全班分享他们的理由。

- 化学教师要求学生们将克换算成摩尔。学生们独立完成计算后,分成两人一组,站着讨论他们的作品,并证明他们的计算过程。一旦同伴们的答案达成一致,他们就坐下来,在白板上写下答案,并向全班同学展示。

- 社会研究教师介绍一个关于第一修正案权利的真实场景。学生们单独思考律师可能会使用哪些法庭案例来论证此案。然后,学生与同伴一起找出最重要的法庭案例加以引用。学生们在白板上列出案例,并在课堂讨论中陈述理由。

- 高级药剂师课程的教师给学生们布置药物计算题。学生们先独立完成计算,然后与同伴一起检查答案。一旦学生们的答案达成一致,他们就坐下来在白板上写下答案。教师要求学生们举起白板展示他们的答案。

差异化方案

以下展示了需要额外帮助或拓展学习机会的学生使用策略 2 的示例。

- 有策略地将学生结对，以代表不同的能力。例如，将口头表达能力强的学生与喜欢扮演记录员角色的学生结对。
- 让不愿意大声发言的学生以各种数字媒介的方式记录他们的答案（例如，录下他们回答的视频或拍下他们白板的照片），可以利用在线应用(Flip 或 Padlet)等工具。
- 对于需要学习帮助的学生提供支持，如询问朋友、查阅在线资源或删除一个选项（在做多项选择题时）。

策略 3 排成排,结成对

"排成排,结成对"以有组织的方式融入学生的结对活动,并鼓励学生有机会与不同的同伴合作,体验多重视角。

课堂示例

　　教师告诉学生们,他们将成为理财顾问,并给了他们一份家庭支票登记簿的复印件。每本支票登记簿都显示了存款和支出以及每日账户余额。教师要求学生们根据他们的预期预算判断这个家庭是否有足够的钱去度假。一旦学生们分析了登记簿并独立确定他们要提出的建议，教师就指导学生带着自己的作品排成两排以便与同伴面对面站着。学生们与同伴分享他们解决问题所用的步骤。然后，同伴再分享他们解决问题的方式上所存在的一些分歧。

教学策略实施步骤

请使用以下步骤实施"**排成排，结成对**"策略。

1. 确定学生们将要讨论的问题。

2. 指导学生们面对面排成并列队形。

3. 指定哪一排开始讨论，并确定讨论时间的期限。第一排学生分享完信息后，同伴可以补充与问题相关的其他想法。

4. 时间到后，指导其中一排学生向右移动 3 个位置，排尾的学生回到排头，形成新的两人组。

5. 通过提出另一个问题来重复上述过程。

其他形式

你可以使用策略 3 开展其他形式的教学。

● 如果需要更大的空间，可将活动移至室外或走廊。

● 使用该活动作为破冰活动，为学生们提供对话提示，如表 3.4 所示。

● 播放音乐，提示学生们向后移动以形成新的两人组，进行舞蹈（Vogt & Echevarria, 2007）。

表 3.4 破冰提示

了解你的提示
你的愿望清单上有什么?
描述某位激励你的人。
描述一次改变你人生的经历。
描述你擅长的事情及其原因。
解释对你来说理想的一天是怎样的。
描述最近一位朋友对你表达的善意。
如果可以选择世界上的任何一个人,你希望和谁共进晚餐?
你一生中最感激的是什么?
如果明天醒来,你能获得任何一种品质或能力,那么它会是什么?
你一生中最大的成就是什么?
你最珍贵的记忆是什么?
你现在能做的什么事是一年前做不到的?
你最想去哪里,为什么?
你宁愿花一周的时间生活在过去还是未来?
用 3 个词描述你的未来?

其他科目的教学示例

以下展示了讲授其他科目时使用策略 3 的示例。

- 语文教师让学生们面对面排成两排,以便每人都有一个同伴。教师提出一个与威廉·戈尔丁的《蝇王》(*Lord of the Flies*)有关的问题:"海螺壳代表什么,戈尔丁通过使用海螺壳作为象征传达了什么信息?"学生与其对面的同学讨论这个问题。讨论几分钟后,一排学生移动以组成新的两人组,教师再提出另一个讨论问题。

- 数学教师引导学生们排成两排寻找同伴,给学生们一个数字,并指导他们按任意顺序说出这个数字的倍数。小组中的第一位学生尽可能多地说出倍数；当他们答不上来时，就轮到另一位。学生们重复这一活动，这一次要按顺序说出倍数，并与同伴交替回答，直到不能再说出任何倍数或时间用完为止。

- 生物教师说出一种植物（或动物）的名称。学生们写下该生物获得的一种适应以及促成这种适应的事件。学生们排成两排以找到同伴，然后两人一组讨论他们的答案。

- 社会研究教师要求学生们讨论 1750 年至 1900 年间帝国主义发展的原因和影响。学生们独立地在纸上写下自己的回答。然后，他们排成两排组成讨论小组，与同伴分享答案。紧接着，他们的同伴分享自己的观点。如果有额外的时间，学生们可以合作找出关于该话题的其他观点。

- 音乐教师要求学生们讨论蓝调音乐在美国的起源。学生们独立完成并在纸上写下他们的回答，然后排成两排寻找同伴，两人一组轮流分享他们的答案。

差异化方案

以下展示了需要额外帮助或拓展学习机会的学生使用策略 3 的示例。

- 对于需要额外学业帮助的学生们，可提前准备好问题，并向学生们提供一份讲义，让他们用来记录进行讨论的笔记。

- 为支持不同的兴趣，可让学生与同伴讨论自己选择的提示。

- 为了提供额外的学业帮助，可为学生们提供一个词库，以提醒他们注意与讨论话题相关的关键术语。

策略 4 　围圈

　　"**围圈**"提供了一个机会,让学生们在融入运动和音乐的同时与同伴合作。

课堂示例

　　在音乐课上,学生们正在学习旋律、节奏、和声、速度、动态和音色。教师发给学生们一张问题清单,并将全班分成两组,指导学生们围成一个外圈和一个内圈。教师播放音乐,学生们朝相反方向做圆周运动。音乐停止后,学生们在另一圈中找到最近的同伴,讨论问题清单上的第一个问题:"你如何描述这首歌的旋律?"当学生们结束讨论时,教师再次播放音乐,学生们在圆圈内旋转,直到音乐停止。学生们与新同伴讨论第二个问题:"这首歌的节奏与歌曲《生日快乐》的节奏有何不同?"

教学策略实施步骤

请使用以下步骤实施"**围圈**"策略。

　　1. 制作一份问题清单,清单中包含复习概念或从经验中进行总结的高层次问题(如视频、实验或阅读)。

　　2. 将问题清单分发给所有学生,然后将全班学生分成两部分,指导一组学生组成一个大的外圈,另一组学生组成一个较小的内圈。

3. 播放音乐,指引学生绕圈走动直到音乐停止;确保内圈按顺时针方向移动,外圈按逆时针方向移动。请选择适当且学生们喜欢的音乐。

4. 音乐停止后,学生与对面的同学结对。让学生们讨论清单上的第一个问题。

5. 重复上述过程,建立新的两人组,讨论清单上的下一个问题。

其他形式

你可以使用策略 4 开展其他形式的教学。

● 将问题投影到屏幕上,而不是向学生分发问题清单。

● 让学生们在与同伴讨论后将答案记在纸上。然后提供道具(如所需的剪贴板或白板)。

其他科目的教学示例

以下展示了讲授其他科目时使用策略 4 的示例。

● 语文教师准备了一份问题清单,其中包含一些讨论问题,涉及斯科特、杰姆、阿迪克斯的性格发展如何传达哈珀·李的《杀死一只知更鸟》(*To Kill A Mockingbird*)中的主题。收到问题清单后,学生们围成两个圈。当音乐响起时,外圈按顺时针旋转,内圈按逆时针旋转。音乐停止后,学生与对面圈的同学结对,回答第一个问题。学生们重复上述过程,直到讨论完清单上的每个问题。

● 数学教师将学生们分成两组,让他们围成两个圈。教师为每个圈分配一个指定的数值(内圈的数值为 2,外圈的数值为 3)并指导学生们在音乐响起时向相反的方向移动。音乐停止后,学生们两人一组,用自己的数字作为空白或变量,去简化白板上一个给定的表达式。两人说出他们的方程式,并讨论如何得出答案。当学生们轮换时,教师展示一个新的表达式,学生们重复上述过程。活动结束时,教师组织一场讨论,引导学生们比较内外圈的典型答案。全班同学还讨论他们在计算时遇到的常见错误和困难。

- 生物课通过阅读语句和观看图片来复习细胞分裂,要求学生们应用和分析信息以得出答案。教师朗读一段文字,要求学生们用自己的语言描述细胞有丝分裂过程的意义。学生们围成两个圈,并在教师播放音乐时朝相反方向旋转。音乐停止后,学生与对面圆圈中离自己最近的同伴讨论他们的想法。学生们重复上述过程,这一次他们要分析投影在屏幕上的活体细胞图像,并确定有丝分裂的阶段。

- 社会研究教师带领学生们回顾迁徙以及人类的互动如何影响文化。教师要求学生们找出他们所在社区出现的来自其他国家的新商品,这些商品如何积极地促进多样性。学生们围成两个圈,并在教师播放音乐时向相反方向旋转。音乐停止后,学生与对面圈中离自己最近的同伴讨论想法。

- 教师通过展示不同的艺术作品来复习艺术元素,并要求学生们用自己的理解来分析艺术作品。学生们围成两个圈,并在教师播放音乐时向相反方向旋转。教师展示格兰特·伍德在 1931 年创作的油画《秋耕》(*Fall Plowing*),要求学生与对面的同学一起找出作品中的元素。

差异化方案

以下展示了需要额外帮助或拓展学习机会的学生使用策略 4 的示例。

- 为需要学业或社交技能帮助的学生提供讨论框架，帮助他们与同伴进行对话。
- 让学生画出或表演出他们的回答。同伴可以猜测该回答的意思。

策略 5　音乐混合

前两种策略基本上都是由教师指定同伴，而在"**音乐混合**"中，学生们在教室里四处走动，就近选择同伴，这样他们在选择同伴时就有了更多的发言权。与前一种策略一样，学生们通常喜欢在课堂上听到一阵阵音乐。为了激发学生们的兴趣，可选择适当的音乐来代表他们最喜欢的曲调。教师也可以与全班同学分享自己最喜欢的曲调，以增加音乐的多样性并建立个人联系。

课堂示例

科学教师根据定量和定性数据在黑板上编写讨论问题。教师播放音乐时，学生们在教室里四处走动。当音乐停止时，学生们找到离自己最近的同伴，讨论这个问题是代表定性数据还是定量数据。他们讨论自己的观点，并用课堂上学到的内容支持自己的论点。一旦学生们讨论结束，教师就再次播放音乐，重复上述过程。这项活动一直持续到学生们讨论完最后一个问题。

教学策略实施步骤

请使用以下步骤实施"**音乐混合**"策略。

1. 根据课堂上所学的内容创建讨论问题,并选择活动中要播放的音乐。

2. 让学生们在教室里四处走动,直到音乐停止。

3. 音乐停止后,学生与站得最近的同伴结对,讨论指定的问题。

4. 重复上述过程,直到学生们讨论完最后一个问题。

其他形式

你可以使用策略 5 开展其他形式的教学。

- 与其停止音乐,不如让音乐继续下去,并指导学生们在音乐结束前与尽可能多的同伴分享他们的答案。在这种情况下,应选择纯音乐,以便学生们能集中精力进行对话。

- 不要指导学生们立即结对,而是给他们时间自己思考。或许你可以在思考时间内播放不同的音乐,这样当曲调改变时,学生们就知道该去找自己的同伴了。在这种情况下,请确保音乐中不含有歌词。在思考时间的音乐停止后,教师可选择几个小组与全班同学大声分享他们的答案。

其他科目的教学示例

以下展示了讲授其他科目时使用策略 5 的示例。

- 语文教师告诉学生,他们将通过与同伴讨论来加深对埃德加·爱伦·坡的《乌鸦》(*The Raven*)中诗歌技巧和手法的理解。教师播放音乐时,学生们在教室里四处走动。音乐停止后,学生们与离自己最近的同学结对。教师展示诗中的一句诗,让学生们找出这句诗中使用的诗歌技巧或手法。

- 为了复习最近的一堂课,数学教师播放音乐,并指导学生们在教室里四处走动。音乐停止后,学生们与离自己最近的同学结对。教师说出一个类别,如质数、加数或立体图形。让同伴在规定时间内尽可能多地说出这些类别。教师会表扬在每个类别中记下最多想法的一组。

- 生物教师让学生们回答一系列讨论问题。教师播放音乐时,学生们在教室里四处走动。音乐停止后,学生与离自己最近的同学结对,例如,讨论为什么空气和水对植物的生存和生长至关重要。学生们继续这一活动,直到回答所有讨论问题。

- 学完关于古代世界领袖的课程后,社会研究教师播放音乐,让学生们在教室里四处走动。音乐停止后,学生与离自己最近的同学结对,并讨论教师指定的领袖所具有的最重要成就,并用历史证据支持自己的论点。

- 随着音乐响起,学生们在教室里四处走动时,美术教师在黑板上投影出雕塑的图像。音乐停止后,学生与离自己最近的同学结对,讨论艺术家在创作时使用了哪些技巧。当教师展示新的艺术作品时,重复上述过程。

差异化方案

以下展示了需要额外帮助或拓展学习机会的学生使用策略 5 的示例。

- 为了帮助可能需要多次阅读问题才能发表意见的学生,可在教室四周张贴讨论问题。

• 在与同伴分享之前,允许需要更多时间来产生想法的学生独立地对提示集思广益。

策略6　交换解答

"交换解答"是练习应用技能的完美策略。学生们可以检查科学或数学计算,识别短文中的比喻性语言,纠正语法错误,或修改中心论点。这个活动非常适合让学生在教室里四处走动,与同伴互动,并应用他们的知识和技能。

课堂示例

在数学课上学习加法时,每位学生都会收到一道关于披萨的加法应用题。题中包括一些无关数字和有用信息,以挑战学生找出解决问题的必要成分。学生们在纸上计算出答案,找到一个同伴,然后交换纸张。两人分享自己的答案并解释如何解方程。如果他们的答案一致,则继续前进并找到新的同伴;如果他们的答案不一致,则尝试找出答案不同的原因。

教学策略实施步骤

请使用以下步骤实施**"交换解答"**策略。

1. 根据班级规模制作一张复习单,其中包含十个或更多问题。这些问题可以是让学生们练习技能的应用题,也可以是认知要求较高的问题,如分析段落或情境。

2. 打印复习单,并将其剪成条状,使每条复习单都包含一个问题。或者,将每个问题写在一张便签上。

3. 向每位学生分发问题条或便签,并指导学生回答问题。

4. 请学生们站起来,在教室里四处走动,找到一名有不同问题的同伴。

5. 指导学生们交换问题,解决同伴的问题,并讨论他们的答案和理由。如果同伴在答案上存在分歧,请他们合作得出正确答案,如果需要帮助就举手。如果同伴对两个问题的答案都达成一致,他们将拿着自己已解决的新问题去找另一名同伴。

6. 重复这一活动,直到学生们回答完大部分问题。

其他形式

你可以使用策略 6 开展其他形式的教学。

- 将复习题的定义或答案写在每张纸或卡片的背面。学生提示同伴解题,不允许他们看到答案。如果回答正确,同伴会表扬他们。如果回答错误,同伴会引导他们解决问题。学生们互换角色,然后继续找新的同伴。

- 尝试换换卡(Kagan et. al, 2016)。学生们根据所学知识制作一张问题卡,然后站起来找到一名同伴。其中一人提出问题,另一人给出答案。如果学生回答错误,提问者会给出提示。然后,两人互换角色。一旦同伴回答完问题后,他们就交换问题卡,再找一个新同伴并重复上述过程。

其他科目的教学示例

以下展示了讲授其他科目时使用策略 6 的示例。

- 语文教师为每位学生提供一张纸条,纸条的一面是本周课程中的词,另一面是定义。一旦学生们结对,一名学生展示写有定义的一面,另一名学生尝试猜出该词。一旦每位同伴都猜出了词,他们就交换纸条,再找另一名同伴进行猜测。

- 数学课上,学生会收到一张写有分数问题的卡片并在上面解题,以此来复习分数运算。一旦完成,学生们就站起来举手,直到找到同伴。每位学生回答另一名同伴卡片上的问题,然后交换卡片。学生们举手示意自己准备好寻找另一名同伴了。卡片背面含有建议的问题或短句,帮助学生们引导自己的同伴。例如,"你需要一个公分母来解决这个问题吗?"或"分数是最简单的形式吗?"

- 生物课上,学生们正在学习消化系统。他们收到一些卡片,上面有关于消化系统器官、过程、化学物质和功能的问题。学生们回答卡片上的问题,然后找到一名同伴。他们回答同伴的问题,然后互相核对对方的答案并交换卡片。这个过程一直持续到每张卡片都得到讨论和回答为止。

- 社会研究教师制作了一些卡片,其中包含关于美国政府制衡制度的问题和情境。其中一名学生的卡片上有这样一个场景:最高法院的一名法官指责美国国会议员滥用职权,利用邮寄系统免费寄送政治信件。教师要求学生们决定法院可以对此采取什么措施。学生们记录自己的想法,然后与同伴结对,讨论解决这种情境的可用法律方案。

- 为了复习节奏计数法,音乐教师会给学生们分发带有 4 小节音乐的卡片。学生们两人一组,为同伴拍打指定的节奏,同伴检查以确保节奏正确。然后,学生们互换角色,由两名学生共同完成任务。在规定的活动时间结束后,教师播放音乐,提示学生们交换卡片并寻找新的同伴。这个过程一直持续到所有节奏都完成为止。

差异化方案

以下展示了需要额外帮助或拓展学习机会的学生使用策略 6 的示例。

- 向需要帮助的学生随机提供一份答案清单。学生们从可用选项中找出正确答案。

- 在主要问题下方提供延伸问题,供需要更具挑战性练习的学生们使用。

策略 7 排序

"排序" 侧重于学生们评估信息,并确定最佳的想法、最有力的建议、最佳的数学解决方案或最有效的政府形式的高水平过程。学生们在自己已有的范围水平内思考以创建排序,这种活动对喜欢动觉学习的学生很有吸引力。为帮助学生们掌握这一策略,教师可以给学生们提供一张工作表,如表 3.5(第 38 页)所示。

表 3.5　按重要程度排序项目的工作表样本

项目排序工作表		
	想法	理由
1	才能	我认为我应该选择一个能施展才华的职业。我擅长组织和与其他同学合作。
2	与人相处	当我选择一个职业时,它应该是一个需要与他人打交道的职业。我喜欢交谈。
3	趣味性	我想要一份有趣并且能给我带来挑战的职业。我不想做那些无聊和重复的事情。
4	工作时间	我的父母工作到很晚,错过了我的一些体育活动。我想找一份不需要上夜班的工作。
5	薪水	我想要一份收入足以让我过上好日子的职业,但不一定要富有。没有很多钱,我也可以过得很快乐。

课堂示例

　　学生们阅读一篇关于择业要点的文章。每位学生在文章中画出五个最重要的观点。学生们两人一组,讨论各自发言的重要性。每组学生就五个最重要的观点达成共识,并将每个观点写在一张单独的纸上。然后,两人一组通过移动纸张来显示他们的排序,从而对五个观点的重要性排序。两人一组在教室里四处走动,查看其他小组的排序。在课堂讨论中,学生们交流排序的异同,以及他们在了解其他小组的想法后自己的想法是否有所改变。

教学策略实施步骤

请使用以下步骤实施**"排序"**策略。

1. 确定与学习目标相关的读物。

2. 指导学生们阅读原文并画出五个关键句子。

3. 将学生们分成两人一组,指导他们比较各自画线的语句,商定五个最重要的语句,并将每个语句记录在一张单独的纸上。

4. 要求学生们讨论每个语句的重要性顺序,将纸张按重要性排序,并将最终顺序连同理由记录在一张纸上。

5. 请学生们在教室里四处走动,查看其他小组的排序。

6. 推动学生们进行课堂讨论,让学生们分享排序的异同,并讨论是否会在看到其他小组的观点后改变自己的排序。

其他形式

你可以使用策略 7 开展其他形式的教学。

● 要求学生们在活动结束时进行辩论,每对学生都要为自己的排序辩护。

● 让学生们评定证据在支持论点方面的重要程度。

● 指导学生们制定作业评分标准,并将标准从最不重要的到最重要的进行排序。

其他科目的教学示例

以下展示了讲授其他科目时使用策略 7 的示例。

● 语文教师给学生们布置了一篇说明文,并指导他们画出最能表达文章中心思想的 5 个句子。阅读并注解文章后,学生们找一名同伴讨论他们画线的 5 个句子。学生们讨论每个句子的重要性,从最重要到最不重要排序,并将其连同理由一起记录在工作表上。

- 数学教师让学生们解一道多步骤的方程式并进行展示。然后,教师选出 5 名学生的作品,以匿名的方式展示,并在每幅作品上标注从 1 到 5 的数字。在一些示例中,有几个步骤不正确或仅部分正确。教师将学生们分成两人一组,并为每队学生分发一张从 1 到 5 的数字卡片。学生们摆弄卡片,按照从最佳到最不有效的策略对作品进行排序,并记录他们的理由。

- 科学教师给学生们播放一段科学调查视频,为他们提供了一套根据调查结果列出潜在结论的卡片,以及一套带有不准确结论的卡片。学生们独立选择他们认为准确和不准确结论的卡片。然后,学生们两人一组讨论他们的结论,并将卡片排序,以显示最佳和最差的结论。

- 社会研究教师让学生们阅读《独立宣言》,并划出他们认为最重要的 5 个句子。学生们两人一组,根据句子的重要性排序,并将其和理由一起记录在工作表上。

- 健康课教师让学生们阅读一篇来自美国心脏协会有关心脏病的文章,内容涉及有益心脏健康的运动和食物。学生们标记出他们认为最重要的 5 个句子,然后两人一组,将句子按重要性排序,并讨论他们的理由。

差异化方案

以下展示了需要额外帮助或拓展学习机会的学生使用策略 7 的示例。

- 为了增加挑战性,学生们可以决定删除哪些最不重要的事实或信息。例如,学生们可以决定《宪法》前十条修正案中哪一条对保障个人自由最不重要。

- 对于视力有障碍的学生，可创建一个全组的排序视觉表。在教室前面张贴一张大图表，上面标有从 1 到 5 的数字，并指导学生们在每一列写下或贴上自己的排序。如果排序是数字，可为学生们提供彩色贴纸或便利贴来表明他们的排序

- 为了帮助那些难以写出回答的学生，允许学生使用网络平台查询，对同伴间对话中的回答或反思进行录音。

策略 8　制作模型

虽然可塑黏土可能被视为小学生的工具，但有很多方法可以用它来吸引所有年龄段的学生进行高层次思考。通过"**制作模型**"，学生们可以用可塑黏土形象地表达他们对概念的理解。这种策略非常适合喜欢动觉任务的学生。正如教研员简·凯斯（2021）在《可操作的差异化》（*Doable Differentiation*）一书中指出的那样："在最佳状态下，这些学生利用对现实世界的敏锐观察来解决问题。他们往往是通过有目的的试验和错误来触摸、操纵和实验进行思考"（p. 18）。可塑黏土可以以一种认知要求很高的方式吸引学生们，因为它允许学生们通过雕塑创造隐喻。

课堂示例

　　在复习了情节图后，语文课上的学生们用记号笔在课桌上画出情节图。然后，学生们两人一组，用可塑黏土制作一些物体，分别代

表盖瑞·伯森的《手斧男孩》(*Hatchet*)一书中上升动作、高潮和下降动作中的关键要素。学生们四处走动,阅览彼此的作品。活动结束后,学生们站在自己最喜欢的代表作旁边,并解释为什么他们认为这是最有效的。

教学策略实施步骤

请使用以下步骤实施"**制作模型**"策略。

1. 决定学生们用可塑黏土来象征信息时要关注的话题。

2. 将学生们分成两人一组,指导他们使用可塑黏土制作模型以代表信息。

3. 让学生们阅览整个教室中的其他模型。然后站到他们认为最能代表概念的模型旁,并邀请他们分享选择该模型的理由。

其他形式

你可以使用策略 8 开展其他形式的教学。

- 指导学生们制作一个能代表某一概念的黏土雕塑。学生们拿着自己的黏土雕塑四处走动并与他人分享黏土雕塑是如何诠释该概念的。

- 不使用可塑黏土,而是为学生们提供清管器或一个材料包(如胶带、纸张、回形针、吸管和记号笔)来完成这项活动。

- 给学生们提供便利贴,并让他们在教室里四处走动,以查看其他学生的想法,并留下对作品的反馈意见。

其他科目的教学示例

以下展示了讲授其他科目时使用策略 8 的示例。

- 在讨论约翰·斯坦贝克的《人鼠之间》(*Mice and Men*) 中的直接和间接人物塑造时,语文课上的学生们结对用可塑黏土制作指定人物的形象(如乔治、莱尼、柯利、柯利的妻子、斯林姆、坎迪、克鲁克斯或卡尔森)。学生们会举办一场艺术展,让他们的同学在教室里轮流查看雕塑作品。创作者引用文本证据,解释这些自己的雕塑如何准确地代表所指定的人物。

- 数学教师指导学生们与同伴一起用可塑黏土制作一个三维实体。当教师指出一个属性(如"顶点超过 5 个")时,学生们站到自己认为最能体现该属性的模型旁边。让学生们去与选择自己模型的同学讨论理由。教师邀请每组中的几名学生为自己的选择辩护。

- 在生物课上,学生们在学习了世界各地的不同气候后,选择自己最喜欢的动物,并确定最适合该动物栖息的气候区。学生们用可塑黏土来代表该气候区,并写下该气候区最适合所选择的动物的理由。制作完模型后,学生们在已写有理由的模型周围走动,并站在他们认为最能展示和解释所选气候区理由的模型旁。

- 介绍了美国总统罗斯福在经济大萧条期间设立的联邦机构后,社会研究教师让学生们结对,指导他们选择对当时社会影响最大的机构。每组学生制作一个黏土雕塑模型来体现该机构的影响,并撰写书面论据来支持自己的决定。然后两人一组在教室里分享他们的雕塑及其理由。活动结束时,全班投票决定哪个雕塑最能代表该机构。

- 音乐教师在介绍了文艺复兴、巴洛克、古典主义、浪漫主义和20世纪音乐在内的历史音乐时期后,音乐教师让学生们聆听每个时期的一小节音乐片段,并用可塑黏土制作一件代表该音乐时期的物体。例如,一名学生创作了一只华丽的网球鞋来代表巴洛克时期。

差异化方案

以下展示了需要额外帮助或拓展学习机会的学生使用策略8的示例。

- 对于需要额外挑战的学生,可以让他们使用可塑黏土雕刻一个隐喻。例如,一名学生制作了一个刻有善者胜字样的奖杯,以代表他们正在阅读的小说中善恶对立的主题。
- 为了增加创造性和挑战性,可指导每对学生集思广益后设计一个模型。
- 让有感觉处理障碍的学生画出或写出他们的想法。

策略 9 暴风雪

哪位学生不想在课堂上扔纸屑?**"暴风雪"**活动鼓励学生们形成自己的想法,同时也考虑同学的想法。这个策略让学生大部分时间站着,同时也在思考不同的看法和观点时完善自己的思维。

课堂示例

　　在社会研究课中学习北美向西扩张的知识后,学生们在纸上写下自己学到的有关该话题的 3 个要点。学生们把纸团起来,做成一个雪球,朝任意方向高高地抛向空中。教师让学生们站起来,选择其中一个雪球,然后移动到教室四周。学生们默读写在雪球内的想法,并思考与之紧密相连的另一个想法。教师推动一场讨论,让学生们分享写在雪球上的想法,并将其与他们的其他相关想法进行比较。

教学策略实施步骤

请使用以下步骤实施"暴风雪"策略。

1. 要求学生们写下本节课学到的最重要的 3 点。

2. 指导学生们把纸团起来,将雪球抛向空中。

3. 要求学生们捡起一个雪球,移动到教室四周,并找到一个同伴。

4. 让学生们单独阅读自己的回答,并选择作者所写的一个重要观点,然后让学生思考一个可以补充的新观点。

5. 请以两人为单位与同伴分享他们的陈述和新观点。

6. 选择一名学生开始分享他们的陈述并提供一个新观点。请按顺时针方向在教室内轮流以便每人都能分享。

其他形式

你可以使用策略 9 开展其他形式的教学。

● 请学生们记录他们在本课中最困惑的一点或一个问题。

- 让学生们与同伴共同创建他们的陈述。

- 在复习游戏中,请学生们在红纸上写问题,在白纸上写答案。然后让学生们扔出自己的雪球。学生们两人一组,找到一个"问题雪球"和一个相应的"答案雪球"。

- 作为课程总结,请学生们在雪球上写下两个事实和一个谎言。学生们在阅读同学的雪球时,尝试找出错误的陈述。

其他科目的教学示例

以下展示了讲授其他科目时使用策略 9 的示例。

- 语文教师在讲授威廉·莎士比亚的《凯撒大帝》(*Julius Caesar*)中伊丽莎白时代和古罗马时代的历史背景后,指导学生们写下 3 个帮助他们理解戏剧的历史信息。学生们把纸团揉成雪球状并抛向空中;然后,从地上随机捡起一个纸团并阅读。学生们两人一组,从 3 个陈述中选择 1 个进行详细阐述,并与同伴讨论。

- 数学教师在上完有关分数加法的课程后,让学生们选择 3 道分数题进行解答——其中一道题应该是解答错误的。学生们制作雪球并将其抛向空中。每位学生捡起一个纸团并检查答案,尝试找出做错的题。两人一组互相检查答案,然后选择一个问题在全班同学面前解决。

- 生物教师指导学生们写下他们在有关光合作用的课程中学到的 3 个重要细节。然后,他们把纸团揉成雪球状并抛向空中。学生们捡起一个雪球,独立阅读这 3 个细节。在想出可以补充的新想法后,学生们与同伴分享他们的最初回答和新想法。

- 社会研究教师讲授了有关《独立宣言》的课程,然后指导学生们写下本课中最重要的 3 点。一旦学生们写完,他们就可以将雪球抛到空中。每位学生捡起一个新雪球,并阅读上面的 3 点。学生们集思广益提出论点来支持其中一个观点,然后找一名同伴来分享他们的关键观点和论点。

- 家庭和消费者科学课上,学生们在学习了平衡支票簿、开具支票、使用信贷和负债后,写下他们了解到的 3 个不同的观点,这些观点将帮助他们更好地管理自己的财务。将雪球抛向空中后,每位学生都会捡起其他雪球,阅读所写的观点,并判断这些观点的异同。然后,他们与同伴讨论这些观点的异同。

差异化方案

以下展示了需要额外帮助或拓展学习机会的学生使用策略 9 的示例。

- 为需要额外帮助的学生提供本节课的主要观点列表。
- 允许需要额外帮助的学生使用句子框架(例如,"因为人物_____,我预测她将_____")来帮助形成自己的观点。
- 请写作有困难的学生将所学信息进行视觉化表征。

策略 10 讨论、比较和澄清

"讨论、比较和澄清"鼓励学生们与同伴合作,比较他们的笔记并澄清误解(Himmele & Himmele, 2011)。学生们参与总结,这有助于加深理解。当学生们将自己的笔记与他人的笔记进行比较时,他们就可以确定需要添加到自己笔记中的信息以及任何遗留问题。为帮助学生们掌握这一策略,为他们提供工作表,如表 3.6 所示。

表 3.6　笔记工作表示例

笔记工作表		
我的笔记	我的同伴的笔记	未解的谜团
我体内的细菌使我保持健康。 人体细菌和奶酪细菌有些相似。 有些人体奶酪闻起来非常难闻。	细菌有好的和不好的。奶酪中有很多细菌。	我可以一周不洗澡去进行细菌测试吗？ 除了奶酪，你还能用人体细菌做别的东西吗？ 我有什么东西可能细菌最多？

课堂示例

　　科学课上，学生们观看了医学科普类节目《啊！手术！》（*Operation Ouch*）制作的《人体奥秘》（*All About Body Bacteria*）。看完视频后，学生们在笔记中记录下他们学到的关于细菌及其与奶酪关系的知识。教师指导学生们拿着笔记和铅笔或钢笔站起来，朝任意方向走七步，找到一名同伴。每对分享他们认为的视频要点。然后，同伴查看彼此的笔记，并记录下对方提到的任何自己遗漏的点。然后，两人一组讨论他们关于细菌仍然存在的疑问。每一对学生带着他们的问题与另一对同学组成一组以进一步讨论。

教学策略实施步骤

请使用以下步骤实施"**讨论、比较和澄清**"策略。

1. 让学生们在听讲、阅读或看视频时做笔记。

2. 指导学生们站起来，拿着笔记和钢笔或铅笔朝任意方向走 7 步，然后与离自己最近的学生结对。

3. 让同伴在预定的时间内分享课堂、阅读或视频中最重要的观点。

4. 要求学生们默读同伴的笔记,并与自己的笔记进行比较,更新自己的笔记,包括同伴提到的而自己没有记录的任何重要观点或信息。

5. 为了澄清问题,请学生们结对记录下他们对所学内容的任何疑问,或者如果他们没有任何疑问,请根据所学内容想出一个详尽周全的答案。

6. 将两人小组合并为四人小组,分享和讨论问题。教师应在各组之间走动,确保所有问题都得到充分解决。

其他形式

你可以使用策略 10 开展其他形式的教学。

- 让学生们将自己的问题写在便利贴上并粘到黑板上,或记录在平板上,以供全班同学讨论。

其他科目的教学示例

以下展示了讲授其他科目时使用策略 10 的示例。

- 在关于夏洛蒂·勃朗特的《简·爱》(*Jane Eyre*)这一教学单元中,语文教师要求学生们在观看关于哥特式文学的视频时做笔记。一旦完成,学生们就与同伴结对比较他们的笔记,并补充自己遗漏的重要信息。然后,学生们写下关于这篇课文和哥特式文学的问题,并与同伴讨论。

- 在提供基础信息并让学生们记下关于构造指数函数的笔记后,数学教师指导学生们站起来与同伴结对,交换笔记并默读对方笔记,然后再换回来,并在自己的笔记上补充同伴列出的其他观点。

两人一起写下关于该概念的疑问。如果他们没有任何问题,学生们可创建指数函数问题供同学解决。

- 生物课上,学生们在观看了一段关于生物体内物质和能量的视频并做了笔记后,学生们两人一组进行讨论。然后,学生们阅读彼此的笔记,并补充自己可能没有记下的内容。之后一对学生将找到另一对学生一起讨论,并澄清他们可能仍然感到困惑的任何概念。

- 社会研究教师给学生们播放了一段关于启蒙时代的视频,并指导学生们做笔记。看完视频后,学生们找一名同伴交换笔记。如果学生们发现自己遗漏了某个重要观点,可以将其添加到自己的笔记中。然后,学生们设计关于启蒙时代的问题,并与另一对一起讨论。

- 个人理财课上,学生们在观看了几位著名企业家的视频后,记录下企业家们提到的关键主题。学生们结对分享各自的主题,并指出彼此结论存在的异同。然后,两人一组提出关于创业的问题或就如何成为创业者而集思广益。

差异化方案

以下展示了需要额外帮助或拓展学习机会的学生使用策略 10 的示例。

- 让阅读或书写有困难的学生们与同伴一起大声朗读笔记。

- 鼓励那些准备好迎接进一步挑战的学生们将学习内容与以前学过的课程内容或实际经验联系起来。

- 为需要学业帮助的学生们提供整理表或笔记工作表(如第 42 页

表 3.6 所示），以便他们记笔记。

策略 11 背靠背，面对面

"背靠背，面对面"让学生们在与同伴讨论前有时间思考教师的问题。教师有时会对学生们回答问题时尴尬的沉默而感到沮丧，或对许多学生默认自己没有答案而感到沮丧。给学生们提供答案的时间长短也是造成这种情况的原因。研究人员托因·托法德、杰米·埃尔斯纳和斯图尔特·海因斯(2013)指出，增加学生思考问题的时间会导致学生的回答更多更长，后续问题也更多。他们还指出，当学生有更多的时间构想答案时，回答"我不知道"的学生会更少。这种策略可以确保所有学生在与同伴分享之前都有时间充分发展自己的思维。

课堂示例

　　在数学课上，教师呈现两组数据来总结一节课。学生们背靠背站立观看数据。学生们独立决定哪些统计数据适合用来比较两组不同数据集的中心和分布。教师指导结对的学生们面对面交流他们的想法。

教学策略实施步骤

请使用以下步骤实施"**背靠背，面对面**"策略。

1. 确定阅读内容、图像或数据，供学生们分析。

2. 创建批判性思维问题供学生们讨论。

3. 让学生们寻找同伴，背靠背站立。

4. 提出问题，让学生们独立思考。问题越具有挑战性，学生们就需要越长的时间来构思答案。

5. 指导学生们转过身，面对自己的同伴并讨论问题。

6. 邀请几名学生与全班同学分享他们的想法或提出另一个问题。重复上述过程，以回答其他问题。

其他形式

你可以使用策略 11 开展其他形式的教学。

● 制定哪位学生先发言的规则（例如，最小的同伴或穿暖色或冷色衣服的同伴）。

● 让学生们在回答完每个问题后另找一名同伴。

● 指导学生们在准备分享时举手。这可以让教师知道学生们何时准备好开始讨论。

其他科目的教学示例

以下展示了讲授其他科目时使用策略 11 的示例。

● 语文教师让学生们结对，分析一篇文章中的语法问题，确定需要做出的最重要的修改来改进这篇文章。让学生们有时间独立思考。几分钟后，教师邀请学生们面对面讨论他们的建议。

● 数学教师将学生们结对，指导他们手持白板背靠背站立。教师朗读并展示一个问题。学生们开始独立使用他们所学过的其中一种解题策略来解决问题（如寻找规律、画图或制作表格）。几分钟后，学生们转身面对同伴，开始展示并解释他们选择的策略、为什么选择该策略以及如何使用该策略解决问题。学生们讨论是否有解决该问题的最佳策略。

- 物理教师将学生们结对,背靠背站着,提出关于能量波和电磁辐射的问题。学生们独立思考每个问题,然后与同伴分享回答。一旦他们讨论完,就与全班同学分享他们的回答。

- 在开始学习自然灾害知识后,小学生结对,背靠背站着,社会研究教师大声朗读并呈现以下问题供他们思考:"你经历过最严重的风暴是什么?当时你在哪里?暴风雨来临时你在做什么?暴风雨对你造成损失了吗?描述一下你的经历。暴风雨过后,你的家人做了哪些调整或改变?"学生独立思考后,转过身先与同伴分享他们的想法,再与全班同学分享。

- 在学习了早期艺术后,为了向学生们介绍 20 世纪的艺术,教师向学生们展示了一幅 20 世纪的画作。教师问学生们,这幅画是如何显示出打破传统的艺术规则,创造出新的艺术方法的。学生们结对,背靠背站着思考问题,然后转身面对同伴进行讨论。

差异化方案

以下展示了需要额外帮助或拓展学习机会的学生使用策略 11 的示例。

- 让那些对发言不太自信的学生提前准备好想法,以便在与同伴讨论时分享。

- 为了帮助那些视觉表现较好的学生,可将问题写在或投影在黑板上,供学生在思考和讨论时参考。

- 要根据学生们的兴趣提供选择,可张贴几个问题,让他们选择一个自己想回答的问题。

- 邀请需要扩展指导的学生在课堂讨论中分享最佳答案,并提供支持其观点的理由。

思考与实践

思考题

请回顾本章内容并思考下列 5 个问题。

1. 你目前在课堂上是如何利用同伴对话的?

2. 在某些情况下,同伴对话是否比分配学生小组合作更好?

3. 学习的预期目的是如何促使你选择不同的同伴对话策略?

4. 你认为在课堂上可以使用哪种同伴策略?

5. 哪个科目的教学示例给了你一个在课堂上可以做些什么的想法?

实践题

请组织以下 3 项活动,将本章的概念应用到你的课堂教学中。

1. 向学生提供表 3.1(第 24 页)中的讨论框架。指导他们通过讨论框架来改进学术语言的运用并突出对话重点。反思这一过程。讨论框架是否促进了对话? 在今后的讨论中,你会做哪些改动?

2. 从本章介绍的策略中选择一种。你需要如何调整以满足课堂上学生们的独特需求? 实施该策略,并思考下次改进的方法。

3. 与其他教师交流,了解他们使用了哪些涉及同伴讨论和学生活动的策略。选择他们的一个想法在你的课堂上尝试。

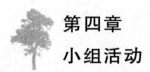

第四章
小组活动

在罗德里格斯老师的语文课上,学生们正在阅读哈·珀李的《杀死一只知更鸟》(*To Kill a Mockingbird*)。他告诉全班同学,他们将访问教室里的几个站点,以加深对这本书的理解。罗德里格斯老师将学生们分组,并给每人发一份讲义,上面有每个站点要完成的任务以及记笔记的空间。各组访问以下六个站点。

- 诗歌鉴赏:各组阅读玛雅·安吉罗的《我知道笼中鸟为何歌唱》(*I Know Why the Caged Bird Sings*)。学生们讨论这首诗与哈·珀李的《杀死一只知更鸟》的异同。

- 图片分析:各组分析不同版本的《杀死一只知更鸟》封面,回答关于封面图片的异同,进而推断为什么使用那些图片。

- 生活应用:各组定义勇气,并讨论他们表现出勇气和未能表现出勇气的时候,然后,他们讨论自己所在的城市与小说情节中的梅科姆镇的异同。各组将他们的想法写在便利贴上,并将其贴在教室里的两张海报上。学生们阅览其他小组的意见,讨论不同的观点。

- 电影应用：各组观看《杀死一只知更鸟》改编的电影中的一个片段，并比较电影与小说的异同。
- 会议站：各组将上节课的作文进行讨论。学生们思考阿迪克斯的说法，你永远也不可能真正了解一个人，"除非你钻进他的皮肤里，像他一样走来走去"他们探讨这句话的涵义以及这句话与当今时代的关系。之后，小组讨论他们的写作质量，包括重点明确、逻辑顺序合理、细节清晰和过渡流畅。学生们在讨论后对自己的文章进行修改。
- 回顾站：各组回答关于小说前几章的理解性问题。

通过本节课，罗德里格斯老师为学生们提供了多种运用所学知识并建立新联系的方法。这一策略创造了高水平的学生参与，因为学生们以小组为单位完成了六个站点的任务。在这过程中要注意教师的作用，教师是为各小组提供便利和支持的，而不是向学生们讲课或传授信息的。还要注意的是：每个站点都涉及批判性思维活动。学生们的任务是分析和评估，这些都是高层次的思维技能。

同伴任务使所有学生高水平参与，如在第三章（第 23 页）中概述的任务，而小组任务（由三个或更多的成员共同完成）培养沟通能力和合作能力。许多社会和专业职位要求学生们作为团体中具有创造性的一员去发挥作用。能与不同的人合作以实现一个共同的目标，这是学生们过渡到成功的成年生活所需要的一项宝贵技能(Stauffer, 2022)。

在这一章节中，我探讨了学生们如何在小组学习中获益。我还分享了学生们分组及确保所有学生都能获得平等发言时间的建议。本章的其余部分专注于学生小组融合活动的 13 个策略。

小组学习的益处

当学生们在小组环境中一起学习时，他们就有机会去培养软技能。正如我在前言(第 1 页)中所指出的，全世界的教师都在不断拓宽他们培养学生的技能集合，包括那些能让工人在快速发展的劳动力市场中茁壮成长的 21 世纪关键技能。让学生们以小组为单位创造一种环境来培养和磨练这些技能，尤其是学习能力(批判性思考、创造力、协作和交流)和生活能力(灵活性、领导力、主动性、生产能力、社交能力；Stauffer，2022)。

当学生们在更大的小组中合作时，他们就有机会与不同的同学进行互动交流，并参与建设班集体。鉴于在小组环境中提出了许多意见，学生们学会妥协和解决问题——这是 21 世纪的两项重要技能。无论是两人一组还是多人一组提供给学生们的发言时间都要明显多于教师引导讨论时间。当学生们以小组为单位讨论时，教师在教室里四处走动，提供形成性反馈。

本章中的策略将学生们分组，让他们通过活动一起学习。分组策略具有上一章提到的所有优点，并通过培养学生们的 21 世纪关键技能，从而将学习提高一个水平。

小组分配的步骤

第三章(第 23 页)提出了几种分配同伴的方法。如果你已经在课堂上融入了同伴讨论,你可能已经找到了最适合学生们选择伙伴的方法。现在,你可以根据需要调整这些方法,将学生们分配到更大的组中。考虑以下有创意的方法来给学生们分组。

- 请将贴纸贴在索引卡上,并为每位学生提供一张卡片。贴纸相匹配的学生组成一个小组。

- 从一副牌中抽出匹配的 UNO 卡牌代表你想要的组数,并确保你有足够的卡片对应小组中的每位学生。为每位学生提供一张UNO 卡牌,并指导他们通过配对卡片来组成小组。

- 购买或制作拼图,拼图的片数与你为每个小组指定的成员人数相对应。为每位学生提供一块拼图,并指导他们合作完成拼图。拥有匹配拼图片的学生组成一个小组。

其他的分组策略可支持差异化。

- 创建小组角色列表。然后指导学生们选择自己想要扮演的角色,并创建小组,使组内的每一个角色都有一位学生扮演。

- 创建组内成员能力不同的小组,这是一个模拟学生们独特的优势和需求是如何互补的很好的方式。

- 创建代表学生能力的小组,并提供不同版本的任务,以适应各组的水平差异。

由于小组人数多于两人,所以教师需要进行监督,以便所有组员都能平等参与。给每位组员提供发言"筹码"(代币,如扑克牌、扑克筹码或记号笔。学生们用这些筹码来换取发言的机会)确保所有学生平等参与对话。当一位学生用完所有筹码时,他要等到其他学生也用完筹码后再发言。这样可以确保小组讨论的平衡,并加强小组成员的灵活性、主动性、领导力和社交能力。

另一种监督学生们发言时间平等的方法是在组内分配角色，包括记录员、计时员和协助者，以提高学生参与度，并减少某位学生主导讨论、不承担责任或在组内承担过多角色的可能。

在上一章中，我提供了用于结对策略的讨论框架、讨论准备建议和问题框架（请参阅第三章第 25 页的"为讨论做准备的步骤"）。你也可以将这些相同的工具应用于小组。

策略 12　旋转木马式提问

"旋转木马式提问"挑战学生们在移动的同时获得批判性思维。使用这一策略，学生们一起讨论张贴在教室四周大图表纸上的问题。每组在被要求轮换之前都有一定的时间来完成每个问题。然后，他们与自己的小组轮换到下一个问题。教师可以精心设计需要批判性思维的问题，而学生们则可以在教室里四处走动以提供答案。

课堂示例

分数课后，数学教师将学生们分组来研究现实问题，让他们公平地分配糖果、披萨和其他食物。教师将食物问题张贴在教室各处的图表纸上。每组选择他们想先解决的问题。在完成问题并就答案达成一致后，各组以环绕教室的方式轮流讨论下一个问题。

教学策略实施步骤

请使用以下步骤实施**"旋转木马式提问"**策略。

1. 根据最近的一节课,准备一系列问题供学生们讨论。

2. 将问题张贴在图表纸上,沿教室墙壁张贴。

3. 根据问题的数量,每 3 至 5 名学生组成一组。问题数量至少要与小组数量保持一致。

4. 为每组提供一支独特颜色的记号笔,将他们的答案记在图表纸上。这有助于教师识别每组的答案。学生们查看自己的问题并讨论答案。组员轮流扮演抄写员的角色,这样每个问题都由不同的人来抄写。

5. 大约两分钟后,根据问题的复杂程度,指导学生们向右转到下一个提示,并在图表纸上添加新信息或扩展已张贴的信息。

6. 当学生们回到最初的图表纸时,指导各组合作用两句话总结纸上的信息,再与全班同学分享。

其他形式

你可以使用策略 12 开展其他形式的教学活动。

- 如果教室没有足够的活动空间,可将讨论问题张贴在走廊或其他更大的地方。因为学生们通常喜欢在不同的地方学习。

- 让学生们在加入小组之前,将自己的想法记录在整理表中。

- 有时,学生们在第一次看到别人的想法后,会不愿添加更多自己的想法。在这种情况下,可以让学生们在便签上写下自己的回答,并用第二张图表纸盖住。随后的小组先写下自己的想法,再掀开纸张查看前面小组留下的想法。

- 将讨论问题藏在室外操场或其他地方,让学生们先找到问题,然后在自己的纸上记录答案。

- 为每组指定一名抄写员。
- 让学生们以画图的方式代替写句子。
- 指派学生们使用软件(如 Loom 或 Screencastify)制作带有配音的幻灯片。鼓励每位学生报名完成一项任务,如撰写文字、添加图片或制作配音。

其他科目的教学示例

以下展示了讲授其他科目时使用策略 12 的示例。

- 语文教师在教室里张贴图表纸,展示关于有效演讲技巧的讨论问题,包括高效撰写演讲稿、成功演讲的技巧以及公众演讲者常犯的错误。将学生们分成若干小组,并给各组分配其中一张图表纸。每组回答图表纸上提出的问题。然后,教师指导每组按顺时针方向移动到下一个问题。重复这一过程,直到每个小组都回答完每个问题。

- 数学教师展示包含几何变换名称(平移、旋转、反射和扩张)的海报纸。各组选择一种变换并写出和画出尽可能多的相关信息。完成后,小组移动到下一张海报,用便签添加更多信息。当学生们回到最初的海报时,他们总结出最重要的观点与全班同学分享。

- 物理教师在教室内张贴图表纸,以便学生们辨认不同类型的能量。各组移动到教师指定的第一个学习站点,学生们用 5 分钟的时间开始定义、画图并给出每一种能量的例子。一旦时间到,学生们就轮换到下一站点,开始添加关于下一种能量的想法。

- 社会研究教师在上完一堂关于公民和政治体制的课后,在教室里张贴图表纸,上面列出了各种政治制度,包括君主制、民主制、共和制和神权制。学生们以小组为单位轮流到教室内的每张纸前,讨论该术语的定义、例子和象征性图片。然后,他们分别在自己的整理表中记录该政治制度的定义、例子和符号。当计时器发出信号时,各小组轮换到下一张图表纸。

- 美术教师在教室内张贴画有不同风格肖像的图表纸。学生们以小组为单位观察肖像并识别其风格。学生们单独在整理表上记录自己的想法。当 5 分钟计时器发出信号后,学生们移动到下一幅肖像画。

差异化方案

以下展示了需要额外帮助或拓展学习机会的学生使用策略 12 的示例。

- 让需要更多时间的学生按照自己的节奏学习。为挑选出的学生提供修改过的学习目标,要求他们在整理表上完成较少的问题。
- 为提前完成任务的学生提供额外挑战的站点和问题。
- 让英语学习者与讲相同母语的同学一起学习。这样可以让他们用自己最熟悉的语言和英语建立起联系,并积累学术词汇。
- 指导那些从拓展活动中受益的学生编写高层次问题,并且促成全班讨论。

策略 13　站点轮换

"站点轮换"中,小组成员移动到教室的不同站点,在那里就不同的概念进行交流。教师根据需要与每个小组互动,以促进学习的进程。站点可以根据学生们不同的学习偏好进行调整,包括使用媒体、创造性学习机会和实际生活应用。这有助于教师满足学生们的不同兴趣需要。为帮助他们掌握这一策略,可以为他们提供表 4.1 所示的笔记指南。

表 4.1　笔记指南示例

笔记指南	
操作说明:在第一栏中写下你访问的每个站点的名称。在第二栏中记笔记。	
站点 1: 基因变异视频	哪种类型的选择往往会增加基因变异? 破坏性选择增加了遗传变异。因此,极端表现型优于中间表现型,从而导致新物种的形成。 基因变异的两个主要来源是什么? 随机突变和基因重组。突变是 DNA 编码的变化,改变生物的生理、行为或外观。遗传物质的重组或混合会在交叉过程中产生变异。这一过程发生在减数分裂过程中。 为什么基因变异很重要? 没有基因变异,生物不能进化或适应。基因变异促进自然选择,提高生物体的生存能力。
站点 2: 化石记录的差异	化石 1:蜘蛛化石;看起来几乎与现在的蜘蛛一模一样。 化石 2:看起来像一种有牙齿的古老鳗鱼;它的牙齿看起来更像现在的鲨鱼的牙齿。 化石 3:看起来像早期有大牙齿的大象,但现在的大象更高大。
站点 3: 自然选择和适应性	用自己的话定义自然选择: 自然选择是生物适应环境以帮助其生存和繁衍后代的过程。 定义适应性: 适应是指生物体或物种为了更好地在环境中生存而进行的变化。 请说出你适应学校生活的一种方式: 我在你的课上穿夹克衫,因为你总是开着空调。
站点 4: 适应与生存	麋鹿已经适应了山区严酷的冬季。它们有厚而光滑的皮毛,可以保暖。雄性麋鹿每年都会长出新角,这有助于它们吸引雌性麋鹿,也有助于麋鹿间搏斗。

课堂示例

　　生物教师将学生们分成小组去学习动物适应性,并在他们访问不同站点时提供记笔记的讲义。在第一个站点,学生们观看了关于基因变异如何影响动物生存的视频。观看短片后,小组讨论笔记指南上的问题并记录答案。在第二个站点,学生们分析化石图片,以找出这些动物与当前动物物种之间的差异。在第三个站点,学生们阅读有关自然选择和适应性的内容,并完成笔记指南上的理解性问题。在第四个站点,学生们分析自己所在社区的动物图片,并猜测该动物是如何适应生存环境的。

教学策略实施步骤

请使用以下步骤实施**"站点轮换"**策略。

1. 决定用于此策略的主题。

2. 创建针对主题不同方面的站点。考虑如何使用媒体、如何进行实际应用、如何提出高层次问题和如何进行创造性学习选择。当你融入高水平任务时,一定要吸引学生们的注意力。

3. 将学生们分组,并提供笔记指南,以记录他们在每个站点的任务。当小组讨论答案时,每位学生都应该在自己的笔记指南上记录答案。

4. 为每组分配一个站点以开始轮换。要么让学生们按照自己的节奏移动到下个站点,要么设置一个计时器来提示各组何时应轮换。

5. 到时间后,指导学生们移动到下一个站点。重复上述过程,直到所有小组都完成每个站点的任务。

其他形式

你可以使用策略 13 开展其他形式的教学活动。

- 让一个站点由教师领导讨论或开展活动,帮助学生们巩固关键概念并纠正误解。

- 将站点设在教室外——可以设在图书馆或体育馆,以便学生们可以使用这些地点提供的资源。

其他科目的教学示例

以下展示了讲授其他科目时使用策略 13 的示例。

- 在一个关于雷·布雷德伯里的《华氏 451 度》(*Fahrenheit 451*)的单元教学中,语文教师指导学生们轮流在不同的站点学习小说中的词汇、情节、人物描写和主题。将学生们分成小组,在指定的站点开始学习。每个小组在各站间轮换,直到完成整个循环。

- 为了复习指数定律,数学教师创建了含有例子的不同站点,以求解每个指数定律。这些站点包括幂的乘法(同底数)、幂除法、幂的幂次方、幂的乘法(相同指数)、负指数幂以及指数为零的幂。学生们轮换到每个站点时,他们将规则写在笔记指南上,然后使用规则解决问题。解题完成后,学生们根据张贴在教室前面的答案要点检查自己的答案。当时间用完后,教师提示学生轮换到下一站。

- 生物教师在教室四周设立站点,学生们将在这里学习不同生物的生长、发育和繁殖。每个站点包括视频、阅读段落、图片或信息图。在查看信息来源后,学生们与他们的小组回答笔记中的两个分析题。教师允许各小组按照自己的节奏在各站之间轮换,并根据需要重新调整方向,以避免过度拥挤。

- 在宏观经济学单元中,教师设置了站点,让学生们了解政府如何征税以及如何用于向社会提供不同的商品和服务。学生们在三个不同的站点之间轮换,观看一段解释税收目的和征税方式的视频,玩一个模拟市场经济的电脑游戏,阅读一个小故事并回答关于税收对商品和服务作用的问题。完成每个站点的活动后,回答笔记指南上一些问题,并将自己的想法与小组进行讨论。

- 音乐教师设计了一系列站点,让学生们了解管弦乐队的乐器。在一个站点,学生们玩一个乐器宾果游戏,即先聆听各种乐器演奏的简短独奏录音,再在宾果卡片上识别乐器。在下一站,学生们尽可能快速准确地将所识别的乐器卡片分为四类,然后对照答案要点进行检查。接下来,学生们将浏览网站,了解木管乐器和铜管乐器的独特品质,同时回答笔记指南上的问题。在另一个站点,学生们通过谱写一种独特的节奏来学习弦乐器和打击乐器。在最后一站,学生们观看指挥家指挥各种模式音乐的视频,之后,学生们以小组为单位一起练习指挥这些音型。

差异化方案

以下展示了需要额外帮助或拓展学习机会的学生使用策略 13 的示例。

- 以各种形式(举例、音频、视频)呈现材料,使学生们能够以不同的方式获取知识。

- 根据每位学生的才能为他们分配角色。例如,一名学生向小组成员宣读站内指示,另一名学生保证小组任务的进行,第三名学生提出有关关键信息的问题,以便进行澄清。这些角色让小组成员专注于任务,同时让学生们为小组贡献自己的技能。

- 让需要额外帮助的学生们轮换到教师主导的站点,在那里他们可以学习词汇术语或需要一定支架才能学会的其他概念。
- 提供一个挑战站点,让水平高的学生可以运用所学知识解决实际问题。
- 提供网上有声读物等资源(如 CommonLit、Newsela 等不同蓝思级别的读物)。

策略 14　辩论小组旋转木马

辨别各种观点是一项高级思维任务,也是"**辩论小组旋转木马**"策略中的一项任务。学生们与同学交换图表,以收集其他信息和各种观点。为帮助学生们掌握这一策略,可为他们提供表 4.2 所示的整理表。

表 4.2　辩论小组旋转木马整理表

整理表
我思考:
我同意《神话》(*Myths*)一文的观点,即现在的快速变暖无法用自然界的冷暖循环来解释。这些变化通常会在数十万年内发生。现在它们发生得更快。
支持性论点:
美国国家环境保护局是一个可靠的信息来源处,它指出,人类活动已导致大量的二氧化碳和其他温室气体释放到大气中。这一过程影响了地球气候。虽然太阳能量的变化和火山爆发等自然过程影响地球气候,但人类活动极有可能是气候变暖的主要原因。

续 表

整理表
反对性论点:
前瞻性文章指出,气候在很大时间尺度范围内自然变化。地球轨道和自转的变化、太阳活动的变化、火山活动以及自然产生的二氧化碳浓度的变化都导致了气候变化。
总之,我认为:
全球变暖主要是人为造成的。虽然气温确实会自然波动,但由于人类的行为,现在的气温变化得更快了。释放到大气中的温室气体和二氧化碳正在对地球气候产生负面影响。

课堂示例

　　在一堂科学课上,学生们根据阅读的材料思考气候变化是否主要由人类造成。每位学生都使用整理表记录自己对该问题的看法,并引用证据支持自己的主张。然后学生们组成 3 人小组,再将自己的图表传给另一组成员,该小组成员根据文章中的证据写出支持性论点。学生们再次传递图表,第 3 名学生提出反对性论点。最后,图表回到最初的同学手中。学生们考虑小组成员提供的不同观点,在最后一个方框中就有争议问题写下结论。

教学策略实施步骤

请使用以下步骤实施"**辩论小组旋转木马**"策略。

1. 选择一个至少可以从两个不同角度看待的主题。

2. 分发整理表(见表 4.2),学生们可以在四个方框中:(1)记录自己的观点;(2)添加一个支持性论点;(3)添加一个反对性论点;(4)记录根据同学的观点所总结的结论。

3. 每 3 名学生组成一组,并指导他们围坐成一个圈。

4. 指导学生们记录他们对该主题的看法,从而完成第一个方框。

5. 让学生们向右边同学传递图表,接下去的同学添加一个支持性论点。

6. 让学生们再次向右边传递图表,接下去的同学写上一个反对性论点。

7. 当图表回到最初那位同学手中时,该同学基于其他小组成员的表述总结观点并记录。

其他形式

你可以使用策略 14 开展其他形式的教学活动。

● 学生记录答案(可使用 Padlet、Jamboard 或 Flip 等数字工具),并通过张贴数字便签或回应视频相互交流。最后张贴的图表中应记录所提及的所有观点,并包括支持其观点的证据。

● 使用音乐辩论(Kruse, n. d.),一种类似的策略,即教师表达可以辩论的相关提示,然后为学生们播放音乐,让他们在教室里四处走动并思考所给的提示,同时记录自己的想法。然后,学生们就近找两个伙伴组成一个小组。在 3 人小组中,学生选择一个角色:赞成者、反对者和中立者。赞成者先分享一分钟,然后反对者分享一分钟。最后,中立者总结、添加一些观点并指出一些逻辑错误。学生们在同伴陈述时记录想法,并参与一轮反驳,以回应他人提出的论点和想法(Kruse, n. d.)。

其他科目的教学示例

以下展示了讲授其他科目时使用策略 14 的示例。

- 在一次关于乔治·奥威尔的《一九八四》的讨论中,语文教师提出了以下问题:"现实是主观的,还是客观的? 现实是否存在于个人感知之外?"然后,教师分发了一张整理表。在第一个方框中,学生们记录自己的观点;在第二个方框中,学生们为自己的论点提供证据和推论;在第三个方框中,学生们提出反驳意见;在第四个方框中,学生们就其他人的回答发表意见。

- 数学教师展示有关 COVID-19 的数据图。学生们以小组为单位分析数据并就这些信息得出结论。他们写下一篇报纸文章的标题,该标题可以使用图形。然后他们把这张纸传给右边,学生们轮流添加他们认为会在那篇文章中找到的片段。接下来,学生们再次传递纸张,记录不准确的结论。最后,文章回到第一位同学手中,就其他人记录的内容写下自己的看法。

- 科学教师让学生们确认全球变暖的原因和影响。学生们 3 人一组,独立完成他们的回答,并在整理表中记录。学生们将他们的图表传给旁边的同学,旁边同学写出一个支持原学生们观点的论点。该学生将图表再传给旁边的学生,旁边同学写下反对性论点。当图表回到最初同学手中时,该同学基于其他同学的陈述写下结论。

- 地理教师让学生们选择自己最喜欢的气候区,并描述他们为什么想在那里生活。学生们将他们的观点记录在整理表上,然后将图表传向右边。下一位学生填写支持性论点,然后将图表再次传向右边。下一个组的成员记录反对性论点。当图表回到最初的小组成员手中时,该同学针对小组任务写出总结性陈述。

- 体育教师提出了一个问题:"应该要求所有学生们在高中阶段每年修一门体育课吗?"学生们将他们的最初的想法记录在整理表中。然后由一位小组成员添加支持性论点,第三位伙伴添加反对观点。学生们考虑所有提到的证据,并建立自己的最终论点。

差异化方案

以下展示了需要额外帮助或拓展学习机会的学生使用策略 14 的示例。

- 为阅读有困难的学生们提前或在课前提供阅读支架,以便他们更好地理解文章。考虑让学生们同时阅读文章的同一个部分,并在空白处记笔记,或与同学讨论这一部分。

- 对于准备接受更高层次挑战的学生们,让他们通过寻找更多支持他们最终观点的其他研究文章来拓展延伸。

策略 15　静态画面表演

"静态画面表演"(Teacher Toolkit, 2021),让学生们通过表演场景来呈现他们正在学习的内容。这种策略让学生们有机会活动他们的身体来展示他们的理解。在这一活动中,学生们可以通过以下方式从总结信息转向更高层次的思考任务:找出书中最重要的场景、找出历史运动中最重要的领袖、找到历史冲突中最严重的错误、找到诗歌中的关键句子或找到其他特定主题的任务。

课堂示例

在社会研究课上,学生们一直在学习不同的历史事件和历史人物。在了解了美国内战各事件的意义后,教师让学生们通过描绘一个他们所扮演的历史人物的场景,来重现一个转折性事件。之后,每个小组分享他们认为这一事件是战争中最重要事件的理由。

教学策略实施步骤

请使用以下步骤实施**"静态画面表演"**策略。

1. 每 3 至 5 名学生组成一组。

2. 让学生们确定一个要展示的主题或领域。然后,每组应计划一种表演方式。

3. 为学生们提供练习表演的时间。

4. 让各组展示他们所创作的表演。

5. 指导每个小组向全班说明他们选择这一主题或领域的理由。

其他形式

你可以使用策略 15 开展其他形式的教学活动。

● 向各小组提供他们的主题,但要求他们保守秘密,这样当他们表演时,班级其他同学都能猜一猜所代表的事件或人物。

● 当学生们全部就位准备演示时,选择一位学生做一个简短的陈述,介绍他们所创造的画面表演作品或他们所扮演的角色,

● 要求各组将一个错误纳入他们的表演中,最后,请同学们尝试猜

出该错误。

其他科目的教学示例

以下展示了讲授其他科目时使用策略 15 的示例。

- 学生们以小组为单位写完他们自己的故事后,选择故事中最精彩的部分,然后将这一场景制作成静态画面剧,在课堂上表演。

- 为了复习父函数,数学教师让学生们用手臂摆出这些函数的图形来创建一个静态画面。各组展示他们的画面,其他同学必须猜出他们所表演的函数。

- 在介绍完牛顿运动定律后,科学教师将学生们分组,并让他们从三个定律中选择一个进行表演。他们表演的是力如何与不同物体相互作用。然后,向班上其他同学介绍自己选择的定律。

- 在学完一个经济学单元后,社会研究教师要求学生们从本单元中选出最重要的词汇,如生产者、消费者、产品、劳动力、供应或需求。学生们讨论他们所选出的术语,并决定如何向全班演示。各组为全班表演他们的画面。全班同学尝试猜出他们演示的术语。

- 科学教师布置一个任务,让学生们通过创设一个如何正确使用各种厨房工具和电器的画面来重现关于厨房安全的知识。每个小组的表演中必须包含一个错误。学生们为全班同学排练并表演他们的静态画面剧。同学们尝试猜出其中的错误。

差异化方案

以下展示了需要额外帮助或拓展学习机会的学生使用策略 15 的示例。

- 让书写有困难的学生使用语音听写工具(如谷歌文档)来代替书写或为小组指定一名抄写员。

- 对于需要额外支持的学生们,提供一份详细说明制作静态画面的讲义。讲义提示学生们集思广益,选出最佳创意,制定构建画面的方法,并在完成任务时做上记号。

策略 16 是或否问答图表

"是或否问答图表"策略有助于学生反思自己的学习。研究人员家晓余、李伟健和曹立人(2019)指出,学生思考他们自己的想法的能力,即元认知,是创造力的重要组成部分。在学生们思考自己的认知过程时,他们能识别清晰或混淆的理解。这项活动还可以作为一种形成性评估,为教师进一步的教学提供依据。

课堂示例

在语文课上,学生们学习研究报告的结构和格式,以及如何使用评分标准评估研究报告。课后,学生们使用是或否问答图表,在"是"一栏中标出他们理解的主题和技能,在"否"一栏中标明他们仍不清楚的主题和技能。教师将此信息作为形成性评估,并针对"否"一栏中提到的主题设计进一步的教学。

教学策略实施步骤

请使用以下步骤实施**"是或否问答图表"**策略。

1. 每3至5名学生组成一组。

2. 在教室的不同站点张贴图表纸。将表分成"是"与"否"两栏。

3. 指导各组到其中一张图表纸前,在"是"一栏列出他们完全理解的项目,在"否"一栏中列出不清楚和需要更多解释的项目。

4. 将两个小组合并。每组提供他们小组列在"否"一栏中的项目信息。重复这一过程,直到各小组讨论完每个列表中的所有未知项目。

5. 为了促进课堂讨论,请每组分享其"否"一栏中剩余的项目,并在全班讨论以回答问题并纠正误解。

其他形式

你可以使用策略 16 开展其他形式的教学活动。

- 当一个小组分享他们"否"一栏的项目,其他小组的列表上也有类似的项目时,则那个小组的成员要走向该组或是举手。

- 指导学生们列出"是"与"否"的项目。

- 让学生们单独记录他们学到的知识和仍然存在的问题,而不是以小组为单位开始。然后,学生们可以在小组中进行讨论,或将这些问题汇总到图表纸上。

- 学习概念时,让学生们在"是"一栏中记录该概念的正例,在"否"一栏中记录反例。

- 当各组在图表纸上写完后,请他们轮换到另一个小组,通过留下带有相关信息的便利贴来解决"否"一栏中的一个主题。然后各小组在教室内轮换,至少要解决每个小组图表上的一个"否"的项目。

其他科目的教学示例

以下展示了讲授其他科目时使用策略 16 的示例。

- 在学习了主题和中心思想的概念之后,语文教师将学生们分组。

学生们以小组为单位制作一张带有"是"与"否"两栏的图表。学生们在"是"一栏中记录他们理解的课程主题,在"否"一栏中记录没有完全理解的主题。

- 数学教师利用裁剪的纸片向学生们提出比例问题。学生们以小组为单位解决这些问题。当他们确信自己知道问题中呈现的概念时,就把问题贴在"是"一栏。如果对自己的答案信心不足或不能找出答案,他们就会把问题贴到"否"一栏中。两个小组合并,解释"否"一栏中的问题及一些由这些问题引起的错误概念。

- 在讲授了自然选择和种群发展对自然选择的适应性后,生物教师将学生们分组,让他们在图表的"是"一栏中记录他们从这节课中理解的主题,并在"否"一栏中列出他们没有完全理解的观点。写完后,小组合并,一起去解决"否"一栏中的项目。

- 在讲授了国内外政策后,社会研究教师将学生们分组,指导他们制作"是"与"否"图表。学生们在"是"一栏中记录他们理解并有信心的政策,在"否"一栏中记录他们不理解的政策或概念。当各小组创建好他们的图表时,两小组合并分享图表,同时对其他组"否"一栏中的内容进行阐述。

- 在讲授艺术要素(例如:颜色、线条、形状、形式和质地)后,小组在"是"一栏中记录他们了解的主题和技能,在"否"一栏中记录他们不了解的主题和技能。各小组与其他小组分享他们的图表,并澄清误解。

差异化方案

以下展示了需要额外帮助或拓展学习机会的学生使用策略 17 的

示例。

- 展示主题,并要求学生们用彩色贴纸标注他们理解的内容(绿色表示"是")和不理解的内容(红色表示"否")。对于书写有困难的学生们来说,这种方法涉及的书写较少。
- 为了促进课堂讨论,鼓励学生们自愿解释"否"一栏中的任何主题,因为他们可能有新的方法来解释该主题。

策略 17 转换站

"**转换站**"让学生们与其他同伴轮流参与小组讨论。这是一种充满活力的策略,它提供了许多参与运动的机会。通过详尽周全的设计,这项活动中的问题引导学生进行高层次的思考。

课堂示例

阅读课开始时,教师先将谢尔·希尔弗斯坦的诗歌《摇滚乐队》(*Rock 'N' Roll Band*)分发给学生们,然后大声朗读。教师设置了不同的站点,让小组成员分析诗歌的不同要素。在第一站点,学生们讨论有关这首诗的理解问题;在第二站点,学生们讨论加入乐队的利弊;在第三站点,学生们研究诗人的用词;在第四个站点,学生们研究诗歌的语音和语调;在最后一个站点,学生们研究诗歌的结构。学生们 4 人一组,查看每个站点的材料并讨论问题。然后,各组成员从 1 到 4 编号,组成新的小组。3 号和 4 号保留在原组中,而

1号则移动到另一个1号同学离开的组,2号同学则去另外一个同样是2号同学离开的组。各组再次查看材料并进行讨论。

教学策略实施步骤

请使用以下步骤实施"**转换站**"策略。

1. 设计足够多的站点,以便每个4人小组都有不同的材料或问题。每个站点都应该有基于阅读内容、视频、音频片段或照片的讨论问题。

2. 每4名学生组成一组,组员从1到4编号。

3. 提醒学生们注意小组规范:在小组讨论中使用句子框架,确保组员能够公平参与,并且紧扣主题。

4. 为每组提供2到5分钟的时间来查阅资料并根据问题进行讨论。

5. 指导所有1号或2号的学生移动到另一组,而3号和4号的学生留在原组。当学生们站起来移动时,他们应举起手用手指在空中表示数字,然后找到另一个相同数字的同学交换位置。原小组中的学生先分享自己的提示和观点,并询问新成员的想法,时间为2到3分钟。

6. 讨论结束后,指导3号和4号学生移动到另一个站点,重复这一过程。学生们应总是前往他们还未访问的站点。重复上述过程,直到访问完所有站点。

其他形式

你可以使用策略17开展其他形式的教学活动。

● 让所有学生一起轮流经过每个站点,在每个站点更换任务或角色。

- 要求每个小组将自己的想法留在一个盒子或信封里。一旦新的小组查阅资料并形成了自己的观点,他们就打开盒子或信封,阅读其他小组的想法并记下相似或不同的观点。

其他科目的教学示例

以下展示了讲授其他科目时使用策略 17 的示例。

- 为了讨论杜鲁门·卡波特的小说《冷血》(*In Cold Blood*)中的修辞手法,语文教师设立了四个站点,每个站点都有一份文字材料。材料一和材料二包含小说中的章节;材料三包含抢劫照片和犯罪现场照片;材料四为 1959 年关于谋杀案的新闻报道。学生们 4 人一组,并从 1 到 4 编号。学生们在自己的站点查看文件,然后根据材料回答有关修辞的问题。在材料一中,学生们查找卡波特写作中使用的技巧;在材料二中,学生们标出卡波特写作中使用的道德诉求(民族精神);在材料三中,学生们记录照片中的情感诉求(悲怆);在材料四中,学生们记录文章中的逻辑诉求(标识)。学生们与小组一起完成他们所在站点的任务后,其中两名学生留在原地分享自己小组的观点,而另外两名学生到不同的小组,去倾听不同站点其他学生的新观点。

- 数学教师给 4 人小组分配了一幅含有大量物体的图像,并指导他们估算图像中物体的数量。学生们讨论他们的估算和确定估算的策略。一段时间后,两名学生换到另一组,观察另一组的图像,并倾听原小组成员的观点。新加入小组的学生添加他们可能有的任何其他观点、观察结果或估算策略。

- 在讲授了地球系统的相关知识后,地理教师设立了以水圈、大气圈、地圈和生物圈为重点的四个不同站点。学生们 4 人一组,在每一个站点先观看一段视频,然后就视频中学到的信息回答几个讨论问题。一旦每个小组完成他们站点的任务,两名学生就交换站点去另一个站点学习。

- 社会研究教师给每位学生分发一部《大宪章》。学生们 4 人一组阅读这份文件。然后,学生们在四个站点分别与各自小组成员一起解决问题。在一个站点,学生们标出他们认为最重要的 3 个句子,并解释原因。在另一个站点,学生们分析文件并写下他们的问题。其余两个站点帮助学生进一步分析文件并考虑其目的。当学生们完成一个站点的任务后,两名学生留在原地并分享他们小组的想法,另外两名学生到另一个站点倾听其他学生的新想法。

- 商学教师将学生们分组,并设立四个站点,分别介绍四种主要类型的企业家:(1)小企业;(2)可扩展的初创企业;(3)大企业;(4)社会企业家。每个站点都附有讨论问题的读物、材料或视频,学生们可以集思广益,讨论每种类型的优势、挑战和例子。当学生们完成一个站点的任务后,两名学生离开自己的组,去其他组学习其他类型的企业家。

差异化方案

以下展示了需要额外帮助或拓展学习机会的学生使用策略 17 的示例。

- 为学生们分配角色和任务,以明确期望。
- 提供有声阅读材料。

● 为视频和音频提供隐藏字幕翻译。

● 让学生们在每个站点听预先录制的指示。

策略 18 玻璃鱼缸

"**玻璃鱼缸**"为学生主导的关于单元要点的讨论创造了机会。这项活动提高了学生的参与度,因为学生们掌握了学习的主动权。学生们在讨论前通过回答批判性思维的问题来做好准备。这个活动通过让学生们在内外讨论圈之间转换来融合运动。

课堂示例

　　全班同学阅读《蝇王》(*The Lord of the Flies*)后,语文教师准备了讨论问题。全班分成两组,一半学生坐在课桌前,围成内圈,其余学生坐在外圈。内圈的学生讨论小说中的关键细节。当外圈的学生想加入讨论时,他们就会走到内圈中没有发言的人身边,并轻敲桌子示意交换位置。这一过程一直持续到解答完所有问题。

教学策略实施步骤

请使用以下步骤实施"**玻璃鱼缸**"策略。

1. 指导学生们阅读并回答你提前准备的一系列批判性思维的问题。鼓励学生们去准备具有思考价值的问题以供讨论。

2. 将学生课桌围成两个同心圆,在教室中央围成一个小圈,在小圈外围围一个较大的圈。

3. 用一个问题引发讨论,并鼓励内圈的学生们回答,外圈的学生们则作为听众。当作为听众的学生准备加入讨论时,他们会敲击内圈中未发言学生的桌子,然后互相交换位置。

4. 继续进行学生主导,教师指导的讨论,直到答完所有问题。

其他形式

你可以使用策略 18 开展其他形式的教学活动。

● 让作为听众的学生们记笔记,列出最重要和他们不同意的观点。

● 在课程或单元开始前使用这一策略,激发学生们对将要涉及内容的思考。

● 让外圈和内圈的学生们在讨论的某个时间点交换位置,而不是用轻敲的方式让学生加入对话

● 给每位学生分发两张卡片。要求所有学生在讨论过程中提出问题或提供意见。每参与一次,学生就举起一张卡片让你收走。当学生用完两张卡片后,他们必须等到圈内所有学生都用完自己的卡片后才能再次参与,以确保所有学生都能平等地发表意见。

● 尝试"苏格拉底式的足球"策略,教师指导学生们在阅读完选文或了解了某个主题后围成一个圈。要求学生们在你播放音乐的几秒钟内传球。一旦音乐停止,向持球的学生提出一个问题。

其他科目的教学示例

以下展示了讲授其他科目时使用策略 18 的示例。

● 为了讨论威廉·莎士比亚的作品《麦克白》(*Macbeth*)中的男子气概、野心和罪恶感等,语文教师让学生们列出 5 个引人深思的讨

论题。学生们围成两个圈：一个内圈，一个外圈。内圈的学生提出并回答问题，外圈的学生倾听并准备加入对话。十分钟后，教师指导外圈的学生与内圈的学生交换位置，然后继续内圈的讨论。

- 数学教师在课堂上就全班阅读的一本小说，埃德温·艾勃特的《平面国——一个多维的传奇故事》（*Flatland: A Romance of Many Dimensions*）进行鱼缸讨论。内圈的学生们讨论教师准备的小说中的数学问题，外圈的学生们则做笔记。然后，内外圈学生交换，回答更多的讨论问题。

- 生物教师在讲授完关于种子在全世界散播的知识后，向学生们提供参与卡，并指导他们围成两个圈进行鱼缸讨论。当学生们参与两次讨论用完参与卡后，他们就会转到外圈。然后，外圈未参与讨论的学生加入内圈。

- 在讲授了种族、思想和商品进入北美及在北美内部流动的知识后，社会研究教师提出问题，促使学生们思考推动这种迁移的文化、经济和环境因素。教师将学生们围成两个圈，内圈的学生回答问题时，外圈的学生倾听。当外圈的学生想分享观点时，就与内圈的学生交换位置。

- 科学教师编制了一份关于毒品和酒精如何影响身体的问题清单。学生们围成一圈开始传球，当音乐停止，持球的学生回答教师提出的问题。

差异化方案

以下展示了需要额外帮助或拓展学习机会的学生使用策略 18 的

示例。

- 让需要额外时间的学生在讨论前准备关于该主题的陈述和问题。
- 指定需要更多运动的学生担任讨论记录员。记录员在教室里走动的同时记录他们所说的内容。

策略 19 小组疾走

"小组疾走"鼓励学生们在回答问题时动起来,激活身体和心灵。学生们以小组为单位站在课桌前回答问题或完成任务。完成任务后,学生们轮换(快速移动)到下一张桌去完成下一个任务。活动结束时,学生们可以查看同伴的不同观点,并讨论误解或错误概念。

课堂示例

学完几何图形后,数学教师给每组学生分发问题卡。每位学生拿一张问题卡放在自己的课桌上,然后站起来完成任务,并在纸上记录答案。教师说"换",学生们按顺时针方向走到下一张课桌,完成下一项任务。

教学策略实施步骤

请使用以下步骤实施**"小组疾走"**策略。

1. 为每组设置一组问题或任务,并让组员将他们的课桌摆放在一起。

2. 向每张课桌分发一个问题或任务,并为学生们提供一张白纸记录答案。

3. 指导各小组轮流到每张课桌前。他们应回答问题或完成桌子上的任务,并把答案记在纸上。学生们将自己的答案纸折起来,以免下一组看到。

4. 教师给学生们留出完成任务或解答问题的时间后,说"换"以提示各小组按顺时针方向移动到下一个任务或问题。

5. 指导各小组展开答题纸,以便展示所有答案,并留出时间讨论每个问题的不同答案和各种误解。

其他形式

你可以使用策略 19 开展其他形式的教学活动。

- 让学生们按照自己的节奏而不是在限定时间内到达下一个站点。

- 让学生们使用不同颜色的铅笔或钢笔,以便清楚地知道谁记录了每个问题的每个回答。小组讨论时,他们可以识别出谁的答案是不同的或独特的。

其他科目的教学示例

以下展示了讲授其他科目时使用策略 19 的示例。

- 在阅读钦努阿·阿契贝的小说《这个世界土崩瓦解了》(*Things Fall Apart*)时,语文教师准备了有关阿契贝的写作技巧和视角的问题。教师将课桌排成 4 人一组,并在每张桌子上放一个问题。问题可以来自小说节选也可以来自阿契贝的其他著作,如《英国与非洲作家》(*English and the African Writer*)。学生们站在课桌后面回答问题,然后将答案折起来,并走到下一张课桌前。

- 数学教师给学生们一张纸,纸的顶端有一个线性方程和一个坐标格网。学生们绘制出所给方程的图形,接着将纸折下来,这样其他学生就看不到原来的方程式了。学生们走到下一张桌子,根据前一位学生画的图形写出线性方程。然后再将纸折下来,这样下一位学生就看不到图形了。这个过程一直持续到所有学生画出图形并写出几个方程式。最后,学生打开纸张,判断底部的图形与顶部的方程式是否匹配。如果不一致,学生们应一起找出错误所在。

- 在讲授了人类如何影响土地、植被、溪流、海洋和空气后,科学教师给学生们分发了任务卡,并将他们分成小组。教师指导他们思考例子、解释观点、评估不同的人类影响,并集思广益解决环境问题。学生们将他们的答案折起来,然后去回答下一个问题。

- 社会研究教师提出了一系列关于公元 600 年至 1 600 年间帝国中的臣民与现代国家公民的角色和责任相比较的问题。学生们回答并记录自己的答案,然后进入下一个问题。

- 在阅读了有关信贷、债务和资金管理的文章后,商学教师将各种案例研究分发到教室的不同站点,并让各组扮演财务顾问的角色向客户推荐解决方案。每组阅读案例并回答问题。完成后,他们将自己的想法折起来,然后到下一个站点重复这一过程,直到所有小组都访问完每一个站点。

差异化方案

以下展示了需要额外帮助或拓展学习机会的学生使用策略 19 的示例。

- 为扩展学习,可为高水平小组设置不同的问题或任务。
- 让需要额外帮助的学生们在组内有一名指定的伙伴,或让其扮演预先确定的角色,以确保他们能够参与小组任务。

策略 20　徒步旅行

就像大公司领导人举行步行会议一样,学生们也能从步行讨论中受益。"徒步旅行"策略可促进血液循环,并帮助学生们在讨论内容时重新集中注意力。教师可以设计学生感兴趣的高层次问题,以作为讨论的基础。

课堂示例

为了准备阅读有关歧视的例子,社会研究教师将学生们分组,让他们在自助餐厅周围走动,并与组员讨论以下问题:(1)什么是歧视?(2)你是如何注意到歧视的?(3)我们能做些什么来对抗歧视?

教学策略实施步骤

请使用以下步骤实施"徒步旅行"策略。

1. 选择一个话题供学生们讨论,并准备 3 个高层次问题。

2. 每 3 至 4 名学生组成一组,并给组员编号。

3. 给学生们提供一份讲义,列出他们应该讨论的问题,并确定各组行走的站点。学生们可以走到走廊的尽头再走回来,或到外面绕操场走动，或在体育馆周围走动。

4. 当学生们回到教室后，要求他们把所学的内容记录下来。在规定的活动时间结束后，组织全班讨论并让学生们提出他们学到的要点。

其他形式

你可以使用策略 20 开展其他形式的教学活动。

● 对于额外的锻炼部分，可让学生们边走边完成伸展运动（如弓箭步）。

● 为了帮助他们获得另一种视角，一旦学生们到达某个集合点，就让他们互相交换组员然后再走回去。

其他科目的教学示例

以下展示了讲授其他科目时使用策略 20 的示例。

● 语文教师给学生们布置的任务是：讨论凯特·肖邦的短篇小说《德西蕾的婴孩》（*Désirée's Baby*）中对种族主义的描述和结果。教师提供以下问题供学生们思考：(1)种族主义在短篇小说中表现在哪些方面？(2)种族主义带来的结果是什么？(3)肖邦是如何看待种族主义的？学生们 3 人一组在走廊上走动，讨论这个话题。一旦各组回到教室，就记录下讨论的要点。

● 为了复习几何图形，数学教师让学生们 3 人一组绕着跑道走，并讨论他们在哪里看到了他们一直学习的几何图形例子。学生们排序，轮流描述并指出他们在哪里看到正方形、三角形和长方形的例子及其在日常生活中的重要性。回到教室后，学生们讨论哪些形状最常见以及如何影响他们的日常生活。

● 作为"固体和液体"课程的一部分，科学教师将学生们分成几个小组,让他们在体育馆周围走动,同时讨论以下问题:(1)你在生活中见过固体或液体的例子是什么?(2)你认为是什么使物体成为固体?(3)是什么使物体成为液体?给学生们一份问题单便于他们在走动时参考。

- 社会研究教师将学生们分成小组,并提出以下问题供学生们在人行道上来回走动时讨论(1)设立三级政府的一个原因是什么?(2)三级政府之间有哪些相似点和不同点?(3)三级政府有哪些负面影响?

- 为了让学生们为健康单元做好准备,健康教师将学生们分组。让他们在体育馆周围走动,并讨论以下问题:(1)运动如何改善整体健康?(2)你在校外如何锻炼?(3)你想学习哪些新的运动?

差异化方案

以下展示了需要额外帮助或拓展学习机会的学生使用策略 20 的示例。

- 为确保所有学生都有平等的参与时间,可为每个小组提供一个计时器。中学生可以使用手机计时。

- 为需要帮助的学生提供一张包含讨论框架的卡片。

策略 21　我来说最后一个

"我来说最后一个"是加深对关键词汇或概念理解的有效策略。学生们以小组为单位分享术语的定义、属性和例子,而最后一名学生则将这些想法合并成一个定义。这个策略为学生们提供了机会去比较自己的想法，同时也注意到误解。

课堂示例

　　生物教师给每组分发一叠关于细胞生物学和细胞过程的卡片。一位学生抽出一张卡片，然后全组写下对该术语的最佳描述。学生们与抽卡者分享他们的定义。然后抽卡者从小组中选出最佳想法，形成最终的、修订的定义。

教学策略实施步骤

请使用以下步骤实施**"我来说最后一个"**策略。

1. 印制成套的卡片，一面印上关键词汇或概念，另一面印上定义。

2. 每3至5名学生组成一组，并让他们围坐成一个圈。

3. 给每组学生分发一套卡片。

4. 让一位学生从卡片中抽出一张。然后组员在纸上尽可能详细地描述这个词，包括定义、例子、属性等。

5. 学生们写完后，让抽卡者右边的学生分享他们的定义。学生们绕圈走动，并提供有关该术语的其他信息或例子。在组员分享时，学生们从同伴的发言中添加新的信息，以形成对这个术语的详尽描述。

6. 最后，请选择卡片的学生利用小组提供的所有信息来完善定义，然后与小组成员分享。在下一轮中，圈内的下一位学生选择一张卡片并重复这一过程。

其他形式

你可以使用策略 21 开展其他形式的教学活动。

- 让抽卡者从小组中选出最佳答案,而不是构建一个修订后的定义。

- 为学生们提供工作表,记录他们最初的和修订后的定义。

其他科目的教学示例

以下展示了讲授其他科目时使用策略 21 的示例。

- 在阅读克里斯托弗·保罗·柯蒂斯的小说《巴德,不是巴迪》（*Bud, Not Buddy*）第一章至第五章时,语文教师准备了一套词汇卡片,其中包含了书中的单词,如"不幸地"和"奢侈的"。教师将学生们分成 5 人一组,并给每组一套词汇卡片。小组中的一名学生从卡片中抽出一张,其余四名学生在纸上写出该单词的定义。一旦每位学生都写下了定义,就可以分享自己的答案。

- 在代数思维单元中,数学教师给各组学生提供一套卡片,上面有表达式、方程和变量等术语。一位学生抽取一张卡片,组内每位学生写下对该术语的描述和一个例子。组内右边的学生阅读他们的定义和例子,其余成员分享补充的信息,以便抽卡者可以为小组完善他们的定义。

- 生物教师制作了几套卡片,上面有关于生态系统中食物网单元的不同词汇。每组学生收到一套卡片。一位学生从中抽出一张,组内的其他学生在自己的纸上描述该词。然后,学生们分享自己的定义,并选出组内最佳的一个作为最终的修订定义,与全班同学分享。

- 在讲授微观经济学时,社会研究教师让学生们查看一些词汇,例如垄断竞争、寡头垄断和垄断。学生们轮流抽取卡片并分享他们的答案,同时修改自己的定义。

- 阿拉伯语教师给每组分发印有不同问候语的卡片。一位学生抽取一张卡片并朗读问候语。然后每位学生都写下自己理解的英文翻译。最后,学生们分享自己的译文,抽卡者选出最佳译文。

差异化方案

以下展示了需要额外帮助或拓展学习机会的学生使用策略 21 的示例。

- 请学生们将他们的最终定义像单词墙作品那样展示出来,与全班同学分享,以增加可视化和艺术创造力。

- 分发整理表,以便学生们记录他们最初和最终定义。

- 要求学生们提前从课文中选择容易混淆或难以理解的词。将该词张贴在数字或实体黑板上,然后让学生们投票选出自己小组将用于活动的十个词。

策略 22　哲理椅

"哲理椅"让学生们在与全班同学分享前,在小组内完善自己的想法。它还能让学生们有充足的时间对高层次问题做出回答。

课堂示例

　　在数学课上,教师展示了一张图表并进行相关陈述。同意根据数据得出的结论是正确的学生们移到教室的左边;不同意的学生们

移到右边。学生们以小组为单位讨论他们的推理。教师邀请几名
学生与全班同学分享他们的推理逻辑。

教学策略实施步骤

请使用以下步骤实施**"哲理椅"**策略。

1. 设计涵盖所需内容的主观陈述。创建没有正误之分的陈述,但学
生们可以用证据来支持或反驳。

2. 确定教室哪一边表示同意,哪一边表示不同意。

3. 向全班说明该陈述,并给学生们时间思考,然后让他们站到教室
中表示同意或反对的一侧。

4. 指导学生们组建不超过 4 人的小组来讨论他们的推理。

5. 请几名学生与全班同学分享他们的想法。

6. 根据需要重复上述步骤,以解决所有陈述。

其他形式

你可以使用策略 22 开展其他形式的教学活动。

- 用"真"或"假"问题,而不是"同意"或"不同意"的问题。

- 提供一系列选择,如"非常同意""同意""不同意"和"非常不
同意"。

- 给学生们提供多个选择(A、B、C、D),然后让学生们起身到指定的
角落,选择他们认为正确的选项。

- 让学生们对自己的选择进行辩论。一方的某位学生解释了他们
的论点,然后选择另一方的一位学生来反驳上一位学生的推论,

直到所有论点和证据都陈述完毕。几轮之后,学生们决定他们是否要改变对该话题所持有的立场。

其他科目的教学示例

以下展示了讲授其他科目时使用策略 22 的示例。

- 语文教师让学生们使用评分标准给一篇语法文章评级。在决定其等级后,学生们移动到指定的评分等级的教室一角,并从文章中提供证据来支持自己的立场。

- 数学教师向学生们介绍解决不同类型问题的各种方法。学生们移动到教室的一侧,即他们所偏好的方法的指定一侧,这些陈述包括:(1)在解线性方程式时,你更喜欢用作图法、代入法还是消元法? (2)解决两步问题时,你更喜欢用方程还是用图解法? (3)在做乘法运算时,你更喜欢用格子法还是标准算法? 学生们每次选择时都要以小组为单位讨论他们更喜欢这个方法的原因。

- 科学教师提出关于遗传和变异特征的陈述。学生们根据自己对陈述正确与否的判断,分别移动到教室的两侧。

- 在介绍了不同的早期法典后,社会研究教师向学生们大声朗读不同的陈述,其中包括该时期的一些法律。如果学生们认为法律是有效的,则移动到教室的左边;如果认为法律是无效的,则移动到教室的右边。

- 戏剧教师表演一个角色的台词。学生们判断人物塑造是否可信,他们移动到教室的一侧表示赞同,移动到另一侧表示有待改进。

差异化方案

以下展示了需要额外帮助或拓展学习机会的学生使用策略 22 的

示例。

- 听力障碍的学生可以在黑板上展示陈述。

- 给处理速度较慢的学生更多时间为自己的答案辩护。

策略 23 概念分类

"**概念分类**"将分类任务从布卢姆分类法的理解层次转向分析层次（Anderson & Krathwohl, 2001），要求学生们引用文本证据来支持他们的分类。为帮助学生们掌握这一策略，提供如表 4.3 所示的整理表，并根据需要添加列表来适应你的课程。

表 4.3　分类整理表示例

分类整理表	
操作说明:请阅读提供给你们小组的一叠卡片。将每张卡片归入北方或南方。收集支持你们分类的证据,并将其记录在下面的空白处。	
北方	南方
运输物资的大型铁路系统: 从图表中可以看出,北方的铁路数量较多而南方则较少。 人口更多: 人口分布图显示约有 2 100 万人居住在北方各州,而南方只有 900 万人居住。 工业更发达: 生产统计数据显示,南方邦联的生产能力远低于联邦。北方生产了 97% 的枪支、96% 的铁路、94% 的布匹、93% 的生铁以及 90% 的靴子和鞋子。	粮食产量更大: 地图显示南方粮食产量高,但将粮食运送给士兵是个问题。 训练有素的军官更多: 地图显示,8 所军事学院中有 7 所位于南方。因此,他们拥有强大的军事领导优势。 防守: 考虑到双方的目标,南方知道地形和从哪里进攻。然而,联邦不得不入侵、征服并占领南方、摧毁他们的战斗意志。

课堂示例

　　社会研究教师向学生们发放代表美国内战前南北方各方面情况的卡片,涉及地理,经济,人口,军事经验和交通方式的情况。例如,一张卡片上写着"运输物资的大型铁路系统"。小组成员根据先前的理解对信息进行分类,并将卡片分为两类:北方和南方。小组完成分类后,教师在每组中邀请两名学生将他们的卡片贴在北方和南方的类别下。学生们可以阅读信息来源,或通过数字设备独立观看有关该主题的视频。学生们收集证据去支持整理表中的分类。一旦小组完成他们的收集,他们就站起来查看所有小组张贴的卡片。然后,学生们返回座位,找出证据来支持他们的卡片分类。

教学策略实施步骤

请使用以下步骤实施"**概念分类**"策略。

1. 选择要比较的概念,并将这些概念的名称张贴在教室墙上。

2. 每 3 至 5 名学生组成一组。

3. 为每组提供一套卡片。要么在每套卡片上标注小组编号,要么让每组使用不同颜色的卡片。

4. 指导各组一次读一张卡片。学生们决定描述哪张卡片的概念,并在桌子上进行分类。一旦所有小组完成分类后,就让各组按一个概念选出一位学生代表将本组的卡片张贴在墙上。

5. 提供所比较概念的信息来源。教师提供整理表让学生们收集证据，以确定是否应将每个项目归入每个类别中。

6. 请各组起立，静静地查看卡片。请各组回到座位上讨论他们的卡片分类是否正确或者是否需要调整。然后各组讨论信息来源中的证据去支持他们的分类。

7. 在全班讨论中，请学生们分享一些例子说明他们如何在了解他人观点的基础上调整自己的分类以及调整的原因。如果分类不正确，则要求组员将自己的卡片移至正确的类别下。

其他形式

你可以使用策略 23 开展其他形式的教学活动。

- 请各组确定可能的类别名称并对卡片进行相应分类。在这种情况下，每个小组可能有不同的类别名称。

- 在教室的四个角落放置类别名称，并让小组代表在全班讨论分类时移动到他们分类卡片的角落。

其他科目的教学示例

以下展示了讲授其他科目时使用策略 23 的示例。

- 播客节目《连环杀手》(*Serial*)的一部分是关于阿德南·赛义德的，他因谋杀其高中女友被判终身监禁。语文教师引导学生们查看支持和反对赛义德有罪的证据。学生们分成小组并领取包含播客中证据片段的信息卡。小组合作将证据分为两类："赛义德有罪"或"赛义德无罪"。他们将答案记录在整理表中，一旦完成，就将卡片贴在墙上相应的标题下。

- 在测量单元开始时，数学教师给学生们分发包含不同计量单位的卡片。例如,卡片上的读数可能是 17 毫克或 0.5 米。学生们以小组为单位将卡片归类到他们认为是大数量还是小数量的类别中。通过这个单元,学生们将更加熟悉计量单位的大小,并回到小组中完善他们关于哪些量是大的,哪些量是小的想法。

- 生物教师将全班分成几个小组,并指导他们阅读描述有丝分裂或减数分裂的信息卡。然后学生们确定正在描述的是哪一个,并使用整理表整理自己的回答。一旦学生们浏览完他们的卡片并在整理表上写下回答,就将自己的卡片张贴到墙上。

- 在讲授完地理的五个主题后,社会研究教师制作了卡片,上面有各个主题的不同例子。学生们以小组为单位将每张卡片归入每个主题下。

- 西班牙语教师制作了一些卡片,上面印有从问候语、姓氏和交通三个类别中学到的不同词汇。学生们以小组为单位阅读每张卡片上的词汇,并确定每张卡片所描述的类别。

差异化方案

以下展示了需要额外帮助或拓展学习机会的学生使用策略 23 的示例。

- 对于需要阅读支持的学生,可以为他们的阅读提供支架式问题或为视频提供隐藏性字幕。

- 允许那些觉得参与课堂讨论有挑战性的学生使用数字工具(Jamboard、Google Slides、Padlet 或 Flip)来展示他们的学习成果。

策略 24　注入式教学法

虽然学生讨论是一个强有力的工具,但要确保所有学生平等地参与其中是具有挑战性的。**"注入式教学法"**通过让学生们在一个共享的空间内写作,使得所有学生都能参与其中。学生们悄悄地回应提示,同时在图表纸上写下自己的想法。教师可以使用黑板、图表纸、白板或其他共享书写空间来开展这项活动。

课堂示例

社会研究教师张贴了一条提示:"规则总是很重要。"学生们以小组为单位在图表纸上默默地记录关于该陈述的想法和问题。教师利用这一开场活动吸引学生注意力,并过渡到对法律目的的讨论。

教学策略实施步骤

请使用以下步骤实施**"注入式教学法"**策略。

1. 确定一个能引发学生们思考的广泛性问题。这一策略可在课程开始时使用,以吸引学生注意力。

2. 在教室四周为各组张贴图纸。

3. 将学生们分组,并分发一张图表纸。给组内每位成员一支不同颜色的记号笔。

4. 指导学生们安静地在图表纸上记录关于该主题的观点、想法和问题。

5. 当学生们轮换到下一站点时,让他们阅读其他学生的回答,并通过记录自己的想法或添加一个问题来建立联系。活动结束后,小组在张贴的想法中寻找主题和模式。

其他形式

你可以使用策略 24 开展其他形式的教学活动。

- 不要在其他小组的图表纸上写字,要让本组学生在便利贴上添加他们的想法或问题。

- 让学生们在重要的观点旁画一颗星号,在他们认为需要更多解释的观点旁画一个问号。

- 给每个小组一块白板来记录他们的想法。

其他科目的教学示例

以下展示了讲授其他科目时使用策略 24 的示例。

- 在阅读夏洛特·帕金斯·吉尔曼的《黄色墙纸》(*The Yellow Wallpaper*)前,语文教师准备写有问题的图表纸,例如"男女在人际关系中的传统性别角色是什么?"或"人们是否应该总是听从医生的医疗建议?"教师将图表纸张贴在教室四周,并将学生们分组。小组中的每位学生都拿到一支不同颜色的记号笔,同时记录自己的想法。

- 数学教师为学生们设置一个站点,让他们品尝两种配方的柠檬水,并判断哪种味道更好。学生们安静地在图表纸上用喜欢的颜色记录想法。他们也阅读其他人的回答并将其与自己的想法联系。最后,各组查看食谱中每种配料的量度,评估如何使柠檬水的味道更好。

- 科学教师让学生们阅读一个描述两种物质混合的场景,并记录关于这是否是混合物的推理。学生们解释自己的答案,并记下不理解的问题。
- 社会研究教师要求学生们以小组为单位阅读关于 19 世纪和 20 世纪之间工业化的提示。各组在图表纸上记录他们的想法和问题。然后,阅读同伴的回答,并将这些观点与当今世界的工业化联系起来。
- 音乐教师给以小组为单位的学生们播放音乐片段,并问他们作曲家是谁,来自哪个时代。各组在图表纸上记下他们的想法和问题。然后,阅读同伴的回答,并将各种想法联系起来。

差异化方案

以下展示了需要额外帮助或拓展学习机会的学生使用策略 24 的示例。

- 为给予写作支持,可让学生们使用文字、符号和图片来表达自己的想法。
- 为了扩展活动,可让学生们对想法进行排序,选择能引起小组或个人共鸣的想法。

思考与实践

思考题

请回顾本章内容并思考下列 5 个问题。

1. 小组对话与同伴对话相比有什么好处?

2. 你计划在下个月的课堂中使用本章描述的哪个策略?

3. 你将如何调整这些策略以满足你课堂上学生们的需要?

4. 哪个小组策略适合你的课堂? 为什么?

5. 哪个科目的教学示例给了你的课堂一些启发?

实践题

请组织以下 3 项活动,将本章的概念应用到你的课堂教学中。

1. 从本章所介绍的策略中选择一个。你的课堂需要对其进行一些调整吗? 实施该策略,并思考下次改进的方法。

2. 与同事讨论他们在小组活动中行之有效的策略。你如何调整自己的想法以满足你课堂上学生们的需要?

3. 观察另一位有效使用小组策略的教师。这位教师使用了哪些小组策略? 你如何调整自己的想法以满足你课堂上学生们的需要?

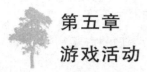

第五章
游戏活动

里德老师的数学课一直在学习如何确定中心趋势和可变性的测量。为了复习上节课的内容,她给每位学生一张扑克牌,并让他们找一个有相同牌的同伴,然后背靠背站好,其中一位学生面对着投影仪屏幕。里德老师解释,几分钟后,她将会把词语投射到屏幕上。面对屏幕的学生给同伴提供线索,并帮助他猜出屏幕上的词,其中可能包括定义或例子。合作伙伴重复这个过程,直到他们猜对了所有的单词。然后两个人面对面击掌。

你观察到里德老师的课堂情况了吗?这与你在课堂上的游戏经历是否相似?

游戏可能是吸引学生的最广为人知和最常用的方法之一。让·皮亚杰(1962)和列夫·维果茨基(1978)开创了玩耍与游戏及其与学习的关系的研究。维果茨基(1978)指出,玩耍,通常发生在游戏中,来发展认知、社会和情感技能。皮亚杰(1962)认为,在认知发展的第三个阶段,即具体运算阶段,学生们通过动手游戏获得更多的逻辑思维。他认为游戏中的规则是帮助学生在这个阶段发展逻辑思维极其有效的学习工具。马克·普雷斯基(2007)认为,教育工作者面临的最大挑战之一是确保"网络一代"的学生受到丰富技术的激励,并专注于学习。他进一步指出,年轻一代的学生大多通过玩耍、游戏和游戏活动来学习。游戏可以成为帮助学生保持参与并掌握学习内容的有效工具。从在线角色扮演游戏到商业模拟,游戏已经成为一种流行的教学策略。然而,即使没有科技,也有很多方法可以将游戏融入课堂。

非数字游戏学习通过引入或强化概念、技能,或影响玩家的态度来对玩家进行特定主题的指导(Naik, 2014)。非数字游戏具有高度定制性,教师可以根据预期的教学目标对其进行调整。游戏可以是竞争性的,即参与者努力实现一个目标;也可以是合作性的,即参与者互相帮助以实现同一个目标。

在本章中,我探讨了融入游戏的益处以及你可以提前采取的步骤,以便学生们为基于游戏的活动做好准备。最后,我提供了 12 个策略,通过游戏来整合运动,以提高学生的参与度。

游戏活动的益处

如果有明确的教育和教学基础,非数字游戏学习会带来许多学习益处。在学生掌握学习内容的同时,游戏也能促进学习。一项对许多学生进行研究的元分析显示,使用学习游戏可以使学生的成绩提高 20%(Haystead & Marzano, 2009)。游戏增加了学生们的好奇心和兴趣,培养更有热情、更有竞争力及更投入的学习者。

多项研究表明,随着学生们主动学习并享受学习过程,他们的学习成绩会有所提高。2020 年的一项研究报告指出,与传统教学相比,基于游戏的学习可以提高小学生对数学概念的理解,同时也能提高学生的注意力、互动和成绩(Vitoria, Ariska, Farha, & Fauzi, 2020)。基于游戏的学习包括许多独特的元素,如挑战,即时反馈、合作、竞争、奖励和低失败风险(Ke, Xie, & Xie, 2015)。不过,重要的是,教师要选择高层次问题,以最大限度地提高认知参与度。当大家都积极主动地参与时,即使是对学习最不感兴趣的学生也会被鼓励参加游戏。教育者可以使用游戏来平衡学习需求、挑战和学生满意度(Kara-Soteriou, 2010)。

成熟的游戏是有教育和教学价值的,包括具有认知吸引力的问题和高水平的学生参与。通过以学生为中心的学习游戏,学生们可以思考、学习并运用解决问题的策略。苏珊·艾尔·沙米(2001)指出:"游戏可以增强重复、强化、保持和迁移。"(p. 10)塔尼亚·加斯唐·萨利耶斯(2002)也记录了在课堂上使用游戏的优势,包括提高记忆力、学习成绩、学习迁移以及社交益处。此外,游戏为学生们提供了在没有老师支持的情况下计划策略和解决问题的机会(Park & Lee, 2017)。

使用课堂游戏给学生们提供了机会,让他们在合作、移情和展示灵活性的过程中提高软技能。在游戏过程中,学生们作为一个团队朝着共同的目标努力,并建立起一种相互依存的关系。参与者可以在听取队友的想法和不同的答案理由时相互学习。此外,当队友在游戏中验证自己的答案并相互依赖时,学生们的自尊心也会得到提升。

将游戏引入课堂也能使教师受益匪浅,因为游戏可以作为一种形成性评估来为教学提供依据。在游戏中,教师可收集学生学习的轶事证据,并观察学生们的社交技能。这可以提供关于需要加强哪些内容的信息,以及有效的合作体验需要哪些个人或班级技能的信息。

为游戏做准备的步骤

虽然游戏可以给学生们带来乐趣,但是它们应该是有目的的,并且与学生正在学习的内容相联系。选择那些能够实现你的教学目标、满足学生多样化需求并嵌入高层次思维技能的游戏。

当准备将游戏作为教学策略时,可以考虑以下要点(Talak-Kiryk, 2010)。

- 建立明确的学习目标:游戏如何与课程目标相联系,并促进学生们的学习? 游戏应该有目的地用于满足学生的需求,并达成课程目标。

- 给学生们分组:在竞争性游戏中,组建公平的团队非常重要。老师在组建团队时必须考虑学生们的个性和能力。

- 清楚说明所有程序和规则:可以张贴游戏规则,以便所有学生了解游戏规范。

- 保持一致和公平:如果学生的回答是计时的,那么要确保所有学生的回答时间相同。

- 建立积极的课堂环境:虽然游戏可以使学生们充满活力,但是必须明确讲授并维护课堂规则与程序。严禁辱骂或诋毁他人等不可接受的行为。

许多新老师觉得有必要以家庭作业合格、奖励积分或贴纸的形式给获胜的队伍一个奖励。但是,不妨考虑一下,玩游戏本身也是一种奖励。奖励获胜团队是可以的,但没有必要。其他奖励获胜队伍的积极方式包括在黑板上写下他们的名字,鼓励全班同学为他们鼓掌,或者允许他们排在队伍的第一位。在我的中学课堂上,我经常允许获胜的队伍在下课铃响时第一个离开教室。学生们喜欢这样,因为这意味着他们是第一个在走廊与朋友见面的人。

本章的其余部分介绍了 12 个游戏,其中包括学生在学习书本内容时高水平参与和运动。有些课堂游戏一次只有几名学生参与,但这些游戏让所有学生都参与到学习过程中,以达到更高水平的课堂参与。

策略 25 两个真相一个谎言

"两个真相一个谎言"以游戏的形式,让学生们练习在多个选项中找到错误的概念。这是为回答出现在标准化测验中的多选题做好准备,这些问题要求学生找出正确的答案。

课堂示例

　　社会研究教师解释说,学生们将要玩一个游戏——"两个真相一个谎言"。学生们应该努力弄清楚哪一个陈述是谎言。教师用 3 个陈述来模拟这个过程:(1)联邦制是 3 个部门之间的权力分立;(2)立法部门制定法律;(3)3 个部门之间的权力分立。学生们举手用手指表示哪个编号的陈述是错误的。教师邀请学生向全班解释他们的推理过程,然后揭示谎言——陈述一。在教师演示策略之后,学生们创建自己的3个陈述,其中一个陈述是错误的。学生们站起来,在教室里轮换,结对并分享他们的3个陈述。当他们分享的时候,他们试图欺骗自己的同伴并猜出其谎言。

教学策略实施步骤

请使用以下步骤实施"**两个真相一个谎言**"策略。

1. 确定关于主题的两个正确陈述和一个错误陈述。

2. 按数字顺序与全班分享这3个陈述,让学生们用手指表示哪个陈述是谎言来进行投票。

3. 请学生们分享他们选择每个陈述的理由。

4. 揭示谎言后,如果学生们错误地选择了错误陈述,要求他们解释为什么该陈述不正确。

5. 要求学生们提出关于该话题的另外两种正确陈述和一个可能的错误陈述。

6. 解释游戏规则。学生们将站起来,绕着教室走并寻找一位搭档。其中一方分享他们的3个陈述,另一方尝试猜出谎言。每位同伴的互动都得两分。如果同伴猜出谎言,则得一分。如果没有猜出,那么提出陈述的分享者将得一分,并解释为什么错误的陈述是一个谎言。给同伴机会去分享自己的陈述,再重复这一过程。

7. 在双方分享他们的陈述和猜测后,让两名学生寻找新的同伴并重复第6步,然后记录他们的得分。

8. 五分钟后,宣布得分最高的学生获胜。

其他形式

你可以使用策略 25 开展其他形式的教学活动。

- 在一堂课结束时使用这一策略复习要点,或在一堂课开始时使用这一策略回顾上一堂课或指定阅读的观点。

- 要求学生们与全班同学大声分享自己的想法(而不是在教室里四处走动),让学生们站起来或用手指表示哪个编号的陈述是错误的,为错误陈述投票。

- 对于小学生来说,玩"两个真相一个谎言",可以避免混淆说谎的概念。为了低年级学生简化这个游戏,学生们可以创建一个正确陈述和一个错误陈述。

其他科目的教学示例

以下展示了讲授其他科目时使用策略 25 的示例。

- 在语文课上,阅读了奇玛曼达·恩戈齐·阿迪奇埃的 TED 演讲稿《单一故事的危险性》(*The Danger of a Single Story*)后,学生们对演讲内容提出了两个正确陈述和一个错误陈述。学生们两人一组,轮流分享他们的 3 个陈述。同伴们各自猜测 3 个陈述中哪一个是错误的,并提供他们的答案的推理。

- 在教完几何图形的属性后,数学教师让学生们找一位同伴,然后选择一个形状,偷偷地在白板上画出来。每位学生写下关于自己形状的"**两个真相和一个谎言**"。例如,一名学生说"我的形状有两对平行的边""我的形状没有直角"和"我的形状有相同长度的边"。该学生的同伴猜测哪个属性是谎言,然后在谎言被揭示之前猜出形状。

- 在介绍了物质的结构和性质后,科学教师指导学生就所学知识写出两个真相和一个谎言。学生们将站起来找一位同伴,互相检查对方的陈述,并尝试去找出哪个是错误的。

- 社会研究教师大声朗读了一篇关于淘金热时期的人口迁徙以及这场迁徙对人类群体影响的短篇小说,学生记录关于迁徙的两个真相和一个谎言,并与同伴分享自己的陈述,以及对哪一个是谎言作出判断。

- 在讲授完与家庭关系有关的新词汇后,德语教师指导学生用目标语言写出两个正确使用该词汇的陈述和一个错误使用该词汇的陈述。然后,学生们两人一组,轮流分享他们的三个陈述,并判断哪个是错误的。

差异化方案

以下展示了需要额外帮助或拓展学习机会的学生使用策略 25 的示例。

- 询问那些需要额外帮助的学生,让他们单独学习或与一位同伴合作,创建三个陈述。

- 让难以参与小组讨论的学生们使用技术录制他们的发言,以便为他们提供思考发言的时间。学生们观看同伴的视频并录制视频回应,解释哪一个陈述不正确。

- 允许需要额外帮助的学生在课前创作出两个真相和一个谎言。

- 为那些需要额外帮助的学生提供一份真相和谎言的列表,供他们在课堂上选择。

策略 26 图表追逐

你是否正在寻找一种能够快速激励学生并帮助学生复习的策略？**"图表追逐"**是一个复习内容的互动策略，各组比赛在短时间内记住尽可能多的关键观点并记下。这种友好的比赛也为教师提供了一种对学生们的学习进行形成性评估的有效方法。

课堂示例

> 在讲授完一系列关于世界地理的课程后，教师将学生们分组，在墙壁上贴几张图纸，并给每组一支记号笔。在教师的示意下，小组在纸上奋笔疾书写下所有学到的关键观点。当教师宣布时间到，各组就分享自己的列表。如果有小组提到其他小组也列出的一个想法，其他小组就说"明白了"，组内成员把这个想法从他们的列表中划掉。拥有最多原创想法的小组获胜。

教学策略实施步骤

请使用以下步骤实施**"图表追逐"**策略。

1. 3—5 名学生为一组。在教室的墙上为每个小组悬挂图表纸，小组之间留出足够的空间。

2. 指导学生们记录他们在本课堂或本单元中学到的关键概念或词汇，并设置 1 到 2 分钟的计时器。

3. 指定个别小组成员与全班分享他们的小组列表。如果其他小组写下了类似的想法,那么所有小组都要在自己的列表中划掉该项。

4. 在教室里轮换,直到所有组都分享了自己的清单。

5. 指导每个小组数一数他们的清单上有多少独特的想法,数量最多的小组获胜。

其他形式

你可以使用策略 26 开展其他形式的教学活动。

● 将此策略作为一种头脑风暴技巧,指导学生们记录写作或科学实验的想法。

● 要求学生们以小组为单位各自在纸上记录想法,并把其放在桌子的中央。该小组查看所有提交的纸,并根据标准(例如,最佳解决方案,最具创造性的想法)对选项进行排序。

其他科目的教学示例

以下展示了讲授其他科目时使用策略 26 的示例。

● 讲授完诗歌后,语文教师将学生们分组,指示他们移到教室四周悬挂的一张白纸旁边。每个小组写下他们能记住的关于诗歌术语的所有内容。

● 数学教师给学生们一个表达式,比如 X^5。学生们以小组为单位,利用所回忆起的指数规则,尽可能多地列出与 X^5 相等的不同表达式。

● 在单元复习中,科学教师将学生们分组,让他们尽可能多地记录地圈、生物圈、水圈和大气层的特征及其相互作用的不同方式。创意想法最多的小组获胜。

● 在阅读了关于早期世界各国政府的资料后,社会研究教师将学生们分组,要求他们迅速写下能回忆起的政府结构的所有共同特征。

- 在介绍了排球运动的规则和技巧之后,体育教师将学生们分组,并指导他们尽可能多地写下关于这项运动的信息。当小组分享他们的清单时,如果其他小组陈述了类似的想法,那么该小组在自己的清单中划掉该项。

差异化方案

以下展示了需要额外帮助或拓展学习机会的学生使用策略 26 的示例。

- 在每个小组中分配角色或让学生们选择自己的角色。例如,一些角色可以包括以下内容:记者与全班分享想法,抄写者记录小组的想法,删除者划掉其他小组提到的项目。
- 组建代表不同能力的小组,以帮助所有的学习者。

策略 27　分组编号活动

"分组编号活动"是运用同伴互教来复习概念的策略(Kagan 等,2016)。与只有少数学生参与的传统复习游戏不同,这种策略让所有学生都参与进来,一起思考问题并准备答案。所有学生都必须做好回答的准备,因为教师将随机选择一名学生来回答问题。

课堂示例

　　科学教师根据以前的形成性评估数据,选出学生最难理解的十个术语。教师根据这些术语去准备问题,组建六人小组,并让学生在小组内进行编号。教师提出问题:"在现代元素周期表中元素是如何分组和周期排列的?"学生在纸上写下自己的想法,然后站起来与小组讨论自己的答案。教师掷了一个结果是数字 5 的骰子,所有序号为 5 的学生都要把自己的答案写在白板上。教师请学生们举起他们的白板,并为回答正确的小组加分。

教学策略实施步骤

请使用以下步骤实施"**分组编号活动**"策略。

1. 提出问题或难题让学生回答和讨论。

2. 6 名学生为一组。

3. 给每组发一块白板和一支记号笔。

4. 指导小组从 1 到 6 编号。

5. 提出一个问题或难题,虽然有些问题可能是低层次的,以便检查他们的基本理解,但学生们也可以回答需要分析的高层次问题。

6. 让学生各自在纸上记录答案。

7. 指导学生们站起来和小组讨论答案。

8. 指导各小组在确定答案后坐下。

9. 掷骰子,让第 4 步中已编号的学生分享他们的答案。学生们可以把答案记录在白板上,举起白板,用教具展示答案,或者如果答案是多项题,学生们可以用手指表示数字来分享自己的答案。

其他形式

你可以使用策略 27 开展其他形式的教学活动。

- 取消第 6 步以节省时间。
- 使用在线旋转器系统随机选择学生。
- 在第 9 步中,让被选中的学生与所在小组分享答案,而不是与全班同学分享。然后,他们的小组就答案是否正确提供反馈。
- 在第 9 步中,学生们被选中后,指导他们转移到另一个小组,并与新小组分享原小组的答案,以检查其准确性。

其他科目的教学示例

以下展示了讲授其他科目时使用策略 27 的示例。

- 为了回顾帕拉西奥在《奇迹男孩》(*Wonder*)中发现的一些重要思想,语文教师问道:"好朋友意味着什么? 好朋友应该具备什么样的品质?"每个学生各自写下自己的答案,并提供证据和推理。每个小组讨论他们的答案并达成共识。最后,教师随机选择一个数字,每组一名学生分享本组的答案。
- 为了复习函数的变换,数学教师指导学生们写一个方程式,其父函数为 $y = x^2$,并描述必须进行哪些变换。小组成员以小组为单位分享他们的方程式,并判断方程式是否有正确的父函数和对发生变换的正确描述。
- 在复习了不同物质(可溶性、不溶性、易燃性等)的性质后,科学教师列举两种物质:盐和水。学生们判断它们是否能形成一种混合物。学生们在小组分享他们是否认为这是混合物,并证明他们的答案。
- 在播放了一段关于美国革命的视频短片后,社会研究教师问道:"殖民者对英国政策的反应合理吗?"学生引用历史证据写下自己的观点和论据。学生们在组内完善他们的答案。

- 在讲完印象派之后,美术教师问学生们:"印象派艺术家打破艺术规则了吗? 这是如何改变艺术史的?"小组成员分享他们的答案并提供证据和推理,然后对想法进行讨论并达成共识。

差异化方案

以下展示了需要额外帮助或拓展学习机会的学生使用策略 27 的示例。

- 为了帮助所有学生,教师可采用异质分组方法,促进合作学习。
- 允许需要额外处理时间或语言支持的学生们提前一天在资料课上复习问题。
- 为了增加挑战性,可以让学生们自己设计活动中使用的问题。

策略 28　拍击答案

"**拍击答案**"策略使学生能够与小组合作,并在课堂上活动的同时复习内容。

课堂示例

　　在社会研究课上,学生们正在学习不同的发明家及其发明。教师在教室周围张贴发明家和发明作品的名字,并指导每个小组的一名代表站在指定的"拍击箱"中。老师向代表们提出与发明者或发明有关的问题。每个小组帮助拿苍蝇拍的同学找到贴在墙壁上的正确答案;第一个拍到正确答案的代表赢得一分。

教学策略实施步骤

请使用以下步骤实施"**拍击答案**"策略。

1. 在地板中间用胶带粘出一个正方形区域,作为"拍击箱"。在正方形区域的中间为每一组放置苍蝇拍。

2. 提出问题来复习所学的概念。把每个问题的答案贴在房间四周墙壁上。

3. 4—10 名学生为一组。

4. 指导各组派一名代表去当"苍蝇拍手"。每轮换一名代表,以便每个学生都可以参加。

5. 大声朗读问题。"苍蝇拍手"们寻找答案,当他们找到答案时,用苍蝇拍拍打它。

6. 允许小组成员帮助拿苍蝇拍的同学,给他们指出正确的答案,但他们不能触碰苍蝇拍。

7. 给第一个拍到正确答案的小组加分。

8. 请每个小组派出一名新成员继续游戏,直到所有问题得到解答。

其他形式

你可以使用策略 28 开展其他形式的教学活动。

- 如果你不喜欢用苍蝇拍,可将答案放在教室的地板上,并指导学生们去踩正确答案。

- 不使用苍蝇拍,而是分发手电筒,调暗灯光,指导学生们把灯照在正确的术语上。

其他科目的教学示例

以下展示了讲授其他科目时使用策略 28 的示例。

- 语文教师回顾苏·蒙克·基德小说《蜜蜂的秘密生活》(*The Secret Life of Bees*)中使用的重要词汇。教师用胶带将这些术语贴在教室四周。当教师大声朗读定义时,每个小组派一名成员寻找相应的术语,并用苍蝇拍拍打正确的答案。

- 数学教师在教室周围贴不同的数字。教师喊出不同类别的数字,让学生们用尺子拍打。例如,学生们找出一个偶数、一个质数和一个可被 3 整除的数。

- 科学教师在教室周围的地图上放置不同地方的图片。教师询问有关不同气候类型的问题,提示学生们去拍打最符合问题中提到的气候类型地点的图片。

- 社会研究教师提出现实世界的情景,然后问学生们哪个经济学术语在情景中得到了最好的体现。"拍击箱"里的学生们迅速行动起来,找到这个术语,然后拍打它。为了得分,学生们必须解释答案正确的原因。学生们可以选择向一名小组成员求助,但是每轮他们必须选择不同的组员。

- 音乐教师在教室周围张贴不同时号的一拍节奏。教师拍打、拍击或唱出节奏。"拍击箱"中的学生们移动到贴有正确节奏的地方。

差异化方案

以下展示了需要额外帮助或拓展学习机会的学生使用策略 28 的示例。

- 提前为在课堂活动中难以跟上节奏的学生们准备好问题。

● 让需要学业帮助的学生在辅导教师的帮助下预习问题。用不同颜色或不同字体写出问题，以帮助学生在游戏中找到答案。

● 为英语学习者提供英文答案下面的翻译。

策略 29　无名游戏

在"**无名游戏**"中，学生们可以移动、回答问题，并通过小组合作获得答案正确与否的自动反馈。如果答案不正确，这种形成性反馈可以帮助学生们调整自己的答案，也可以让教师确定他们需要重新教授的内容。

课堂示例

　　学生们在科学课上学完一个关于动植物适应性的教学单元，并准备考试。教师将写有编号的复习题目的纸片剪开，将问题纸条放入与编号相匹配的桶中。每组的一名学生代表从小组的第一个桶中取出一张问题纸条。一旦问题回答完毕，学生们就返回让教师检查答案。如果答案是正确的，学生将从下一个编号的桶中选择一个问题。如果学生回答错误，则回到自己的座位上，与小组一起再试一次。

教学策略实施步骤

请使用以下步骤实施"**无名游戏**"策略。

1. 创建一份有编号的复习问题列表。

2. 把所有问题都剪开，放在与编号问题对应的桶里。

3. 将学生们分组，让每组的一名学生到前面的桌子旁边，并从第一个桶里取出一个问题。这些学生在纸条上写下自己的名字，然后返回组内。小组合作回答问题，并将答案写在纸条上。

4. 学生们把答案交给教师。答案正确的学生将答案放回相应的桶中，并从下一个编号的桶中选择一个问题条。答案错误的学生回到座位上，再次尝试正确作答。如果第二次仍不正确，教师应该给予提示和支持，帮助学生们得到答案。

5. 学生们完成问题后，从桶中或杯子中随机抽取几张问题卡片，以指定获胜者。

其他形式

你可以使用策略 29 开展其他形式的教学活动。

- 把问题卡片放在小组桌子的中间。一位学生抽出卡片，其右边的学生回答问题。按顺时针方向在组内重复这个过程，直到所有的问题卡片都得到回答。

- 为了增加竞争性，学生们可以小组合作，教师一次提出一个问题。如果小组回答正确，则将在桶中选择一张卡片作为全班的下一个问题。桶里的卡片有不同的分值。一旦问完了所有问题，就相加积分，看看哪组的积分最高。

其他科目的教学示例

以下展示了讲授其他科目时使用策略 29 的示例。

- 语文教师向学生们提出有关语法的问题。学生们与他们的小组合作，一起找出语法错误，然后去检索新的问题。

- 数学教师在纸条上写下两步方程式让学生们解。学生们解出这个方程式并交给教师检查。如果他们不用计算器也能正确解题，就可以在纸条上打勾以获得奖励。如果他们选择用计算器来解题，仍然需要上交纸条，但得不到勾号。作业不正确或没有勾号的学生可以回到座位上再算一遍，但他们必须等待至少 30 秒才能再次检查。

- 科学教师在不同的纸条上写下不同情境的例子，包括波的频率、波长或速度。每个情境中都会缺少其中一个因素，学生们必须利用他们在课堂上学到的方程式来找到这个缺失的因素。例如，教师写了一个涉及声波的情景，其中包括声波的具体波长和频率。学生们必须确定声波的速度。一旦组内成员答案一致，一位学生就可以回到教师身边，让教师检查小组的作业。

- 在讲授完民权知识后，社会研究教师指出现实的情况，并要求学生们确认是否有任何权利被侵犯。学生们必须指出哪些权利受到了侵犯，并用法庭判决、宪法或其他相关证据为自己的答案进行辩护。

- 在家庭和消费者科学课上学习了厨房安全之后，学生们研究了与厨房安全相关的不同情境。学生们结对合作，确定是否存在安全问题，并讨论如果存在安全问题该如何解决。

差异化方案

以下展示了需要额外帮助或拓展学习机会的学生使用策略 29 的示例。

- 如果问题是单项选择题，指导需要额外挑战的学生写出该答案正确的辩护理由,并解释错误答案中的误解。

- 允许在小组环境中容易分心的学生单独学习或与同伴一起学习。
- 允许学生们使用他们的笔记和复习材料来获得额外的帮助。

策略 30　哪一个不属于

"哪一个不属于"策略通过要求学生分析概念之间的差异来培养批判性思维能力。这个游戏可以让学生参与到同伴讨论和推理过程中。

课堂示例

　　数学教师向学生们展示四道数学题,并要求他们辨别哪道题不属于这一类。教室的每个角落都有一个问题,学生们移动到与他们认为不属于该类的问题所对应的角落。学生们在每个角落组成小团队,讨论为什么他们认为这个问题不属于该角落。最后教师邀请学生们与全班同学分享他们的想法。

教学策略实施步骤

请使用以下步骤实施"哪一个不属于"策略。

1. 选择四个不同的术语、例子、问题、数字、图表或图形。

2. 在课堂上与全班同学一起举例,通过展示四种不同的事物并大声分享你是如何识别出那种事物与其他事物不同的。

3. 将这四个选项展示给学生,让学生单独思考哪个选项不同,并记下他们的想法。

4. 指定房间的每个角落作为选项之一。

5. 请学生们移动到代表特有物品的房间角落。如果超过 4 个人移动到一个角落,则要求学生分成更小的组,每组不超过 4 人。

6. 要求各小组讨论他们做出决定的理由,并补充到书面笔记上。

7. 请小组与全班分享他们的推理过程。

其他形式

你可以使用策略 30 开展其他形式的教学活动。

- 指导学生们在考虑第 3 步中的选择时与一名同伴合作。

- 不是让一个选项与其他选项有明显不同,而是指导学生们用适当的推理来证明任一答案的合理性。推理能力最强的团队获胜。

其他科目的教学示例

以下展示了讲授其他科目时使用策略 30 的示例。

- 学习诗歌时,语文教师会在黑板上展示 4 篇诗歌的节选,其中 3 个节选使用相同的诗歌手法,而剩下的一个节选则没有使用。学生们必须找出不同的节选,并解释其他 3 个节选的共同之处。

- 在讲授图形单元前,数学教师让学生判断哪个图形与其他图形不同:一个是负斜率的;一个是非线性的;一个不经过原点;一个不是很陡峭。教师让学生知道,如果他们能解释自己的推理,答案就不会有错。学生们移动到代表他们所选图形的角落。教师巡视并聆听学生们已经掌握的关于绘图的图式。每组中的一位学生向全班分享本组图形不属于这一类别的原因,最后教师强调该生提到的术语。

- 化学教师在黑板上展示了元素周期表中的 4 个元素。学生们必须确定哪 3 个元素有共同点。例如,它们可能具有相同的物质状态、相似的原子量或相同的电子数。学生们移动到教室的角落,列出了与其他 3 个元素最不相似的元素。

- 社会研究教师在黑板上投射出早期河谷文明政府结构的 3 个正确特征和一个错误特征。每个特征从 1 到 4 进行编号,并与教室的一个角落相对应。学生在自己的课桌上单独评估这些陈述。一旦学生们集思广益后,他们就会走到教室中代表他们认为不正确的特征的相应角落。然后,学生们在同一角落与同伴分享他们的推理。

- 在了解优质网站的特点后,科学教师指导学生们评估四个不同的网站。其中一个不是高质量的网站。学生们分组评估网站,并确定哪个网站质量较差。

差异化方案

以下展示了需要额外帮助或拓展学习机会的学生使用策略 30 的示例。

- 在记下他们的答案后,指导学生们通过集体讨论另一个可能的答案选项来扩展学习。此外,他们还可以为另一轮游戏创建四个选择。

- 对于需要语言支持的学生,可在书面内容旁边张贴项目的视觉表现形式。

策略 31　寻宝游戏

"**寻宝游戏**"策略是一种有趣的方式,可以让学生动起来,与同伴合作,运用批判性思维来处理线索,并训练记忆力来回答与最近一节课或单元学习内容相关的问题。

课堂示例

数学教师在学校前面的走廊里藏了 10 道应用题让学生们解决,并提供了一份引导他们解决每个问题的线索列表。学生们以小组为单位找到每道隐藏的问题并解出方程式。各组继续,直到找到并解出所有方程式为止。答对最多的小组获胜。

教学策略实施步骤

请使用以下步骤实施"**寻宝游戏**"策略。

1. 制作一个与当前课程内容相对应的问题列表。隐藏问题并创建一个供学生用来找到每个问题的线索列表。

2. 将学生们分成 3 人组或 4 人组,给每组一份线索讲义。

3. 告诉学生们,答对最多的小组获胜。然后,让学生们开始寻宝游戏。

4. 各小组解决一条线索,找到一个隐藏的问题,并将正确答案记在纸上。

5. 一旦所有小组都完成了寻宝游戏,就公布正确答案。答对最多的小组获胜。

其他形式

你可以使用策略31开展其他形式的教学活动。

- 玩**"问题线索"**,各组在教室内从一个位置移动到下一个位置,回答多项选择题。一旦小组回答了一个选择题,答案选项就会提示他们到下一个位置。如果学生们回答错误,该位置会提示他们回到同一个问题并重新考虑答案。如果回答正确,就会给出下一个问答选择。

- 在教室外的体育馆、操场或走廊设置游戏。

- 把"寻宝游戏"设计成"密室逃脱",各小组在这里可以找到逃生所需的工具或线索。

其他科目的教学示例

以下展示了讲授其他科目时使用策略31的示例。

- 语文教师在教室四周放置纸张,纸张上有一个答案和一个二维码。每个二维码链接到一个不同的英语或阅读美国大学入学考试(ACT)备考题。在确定了正确答案后,各小组尝试找到隐藏在教室四周的答案。一旦小组找到了对应的纸张,他们就会使用该纸张上的二维码完成问题,并重复这个过程。

- 数学教师把关于角度关系的问题印在纸上,并将前一道问题的答案放在顶部。回答问题的时间不宜过长,以免很多人围着最难的问题。当各组确定了答案后,他们会在教室里寻找另一张纸顶部的答案,从而找到下一个问题。纸张上应该有符号或字母,以便教师知道正确的顺序。当学生们回到最初的问题时,教师会检查字母的顺序,让他们知道是否已经成功了,或者是否需要回到某个字母。

- 学生们可以找一张描述科学属性的卡片(如磁性、浮力、使用电池、产生气泡)。学生以小组为单位在教室里寻找与其属性相匹配的物品。然后,各组将物品记录在纸上并绘图,接着寻找另一张隐藏在教室里的属性卡。

- 地理教师把不同地理地貌的图片藏在教室里。各组找到一张图片并确定该地貌的名称。小组核对张贴的答案,如果正确则进入下一题,如果不正确,则必须在图片中找到证据来支持正确答案。

- 美术教师把六幅新古典主义时期不同画作的图片藏在学校外面。一旦小组发现了这些画作,他们就必须找出画作中至少 3 个艺术元素。一旦完成,小组就寻找下一幅画进行分析。

差异化方案

以下展示了需要额外帮助或拓展学习机会的学生使用策略 31 的示例。

- 与需要额外帮助的学生们一起练习扫描二维码。
- 创建异质小组以促进同伴辅导的小组工作。
- 为需要额外帮助的学生们提供线索。

策略 32 接力赛

"**接力赛**"是一种既能复习内容又能结合运动的绝佳策略。这项活动中的小组可以让更多的学生参与进来。

课堂示例

在西班牙语课堂上,教师使用**"接力赛"**策略,学生们必须把写在黑板上的西班牙语词汇翻译成正确的英语单词。学生们分成5个小组,每个小组排好队,排在队伍前面的人回答其中一个问题,识别出英文译文的学生将标记传给下一位成员,答对最多的小组获胜。

教学策略实施步骤

请使用以下步骤实施**"接力赛"**策略。

1. 收集或创建与内容相关的问题,并确保有足够的数量让所有学生回答至少一个问题。

2. 打印一个问题的数字列表,其中包括学生们可以记录答案的空白处。为每个小组打印一份,并排贴在黑板上或教室的一面墙上。

3. 把学生们平均分成若干小组。4—5人的小组将给更多的学生们参与游戏的机会。

4. 指导每个小组在纸上画一条横线,并给每条线上的第一个人(该小组代表)一支彩色笔或记号笔。

5. 让小组代表跑到试卷前,选择一个问题并回答。在代表们回答完问题后,将笔交给下一个排队的学生,让他完成接下来的问题。

6. 检查答案,以确定谁能在最短时间内答对最多问题。

其他形式

你可以使用策略 32 开展其他形式的教学活动。

- 与其让学生们在打印好的问题上写答案,不如让他们在教室白板上写答案。

- 为了增加体力上的挑战,在问题旁边放一个玩具篮球筐。学生们回答完一个问题后,他们通过投篮加分。

其他科目的教学示例

以下展示了讲授其他科目时使用策略 32 的示例。

- 为了复习拼写测试,语文教师把将学生们分成两组。教师摆出一个单词让每组的一名学生拼写。学生们跑到白板前,在保持正确的前提下尽可能快地写出单词,然后把白板上的记号笔交给排队的下一位。如此反复,直到所有单词拼写完,且保证每个学生都回答完,答对最多的队伍获胜。

- 为了复习正负数运算,数学教师将全班分成两组,并让他们排队参加"黑板赛跑"。教师在屏幕上显示一个问题,两位学生赛跑到黑板前写下他们的答案,先转过身说出正确答案的学生获胜。如果两位学生都没有答对,教师允许他们向组内成员寻求帮助。教师会记下学生可能需要与一位学生或全班一起的复习的问题类型。

- 科学教师将全班分成 5 个小组,并指导他们根据元素之间的联系进行匹配。学生们比赛回答,直到所有的元素都匹配到一起。第一个回答正确的队获胜。

- 作为他们对法国大革命单元的复习,社会研究教师向学生小组提供关于那个时期发生的事件或行为的历史引文。各小组必须在

"黑板赛跑"中找出该事件或行为。

- 音乐教师分配学生进行小组合作,并向他们展示"唱名法"中的一个音符的图片。每位学生必须跑到讲台或教室前面,并演示音符的手势。第一个答对的学生得一分。

差异化方案

以下展示了需要额外帮助或拓展学习机会的学生使用策略 32 的示例。

- 允许需要额外帮助的学生们选择他们将要回答的问题。
- 允许跟不上全班节奏的学生们使用计时器。如果他们在指定时间内没有回答,可以向同组成员寻求帮助。

策略 33　动觉词汇

"**动觉词汇**"激活学生的身体和心灵,让他们用动作来描述术语。学生在游戏中进行小组合作,以促进更高水平的参与。

课堂示例

在讲授完几何图形后,数学教师会创建小组,并给每组提供一副印有几何图形的卡片。教师指导所有学生站起来并分享规则。头发最短的学生先选一张卡片,不用语言的情况下把单词表演出来。如果小组成员猜出了单词,就可以把卡片正面朝上放在桌子上。如果猜不出,就要把卡片放回卡片堆。一旦所有的卡片都正面朝上,小组成员就能坐在自己的座位上。

教学策略实施步骤

请使用以下步骤实施**"动觉词汇"**策略。

1. 制作一套词汇卡片。

2. 4—5 名学生为一组。

3. 让小组中的一名学生站在桌子后面抽一张卡片。然后把卡片上的词汇表演出来。如果小组猜出了该词汇,就把该卡片正面朝上放在桌子上。如果小组猜不出,就把该卡片放回卡片堆。当所有的卡片都正面朝上时,大家就可以坐在自己的座位上。

其他形式

你可以使用策略 33 开展其他形式的教学活动。

- 让学生们在黑板上或图表纸上画画来帮助解释这个术语。

- 当小组成员中有人猜对术语后,让所有学生坐下。组内的下一名同学抽一张卡片。猜对的同学站起来。这种变化有助于教师了解谁在参与游戏,谁可能需要额外的帮助或进一步的学习。

其他科目的教学示例

以下展示了讲授其他科目时使用策略 33 的示例。

- 为了复习形容词,语文教师创建了一副卡片,每张卡片上都含有一个不同的形容词(例如,安静、轻松、快乐、迅速、愤怒)。学生轮流表演每个形容词,而组内其他学生则尝试猜出该形容词。

- 数学教师印制带有转换词汇的卡片,比如平移、反射和旋转。学生们轮流表演这些词汇。

- 科学教师指导一组学生轮流演示牛顿运动定律的例子,以及力如何与运动中的物体相互作用。各小组试着猜测学生正在表演的例子中代表了哪条定律。

- 为了复习美国《权利法案》，社会研究教师给每位学生分发一副卡片；每张卡片上列有一项修正案，由一位学生向同学们表演。猜的学生们必须记住他们的同伴正在表演的是哪条修正案，并说出正确的修正案编号。最后，他们把卡片正面朝上放在桌子上。

- 一位西班牙语教师将学生分成小组，并给每个小组一套带有外语词汇的卡片，让他们表演。每位学生抽一张卡片，把单词表演出来，学生们必须猜出正确的单词。

差异化方案

以下展示了需要额外帮助或拓展学习机会的学生使用策略 33 的示例。

- 根据之前收集的形成性评估数据，为不同组别的学生们制作不同复杂程度的卡片。允许学生选择他们认为适合自己的复杂程度的卡片。

- 让那些认为口头交流具有挑战性的学生们画出他们的概念，而不是表演出来。

- 辅导教师可以与需要帮助的学生们一起复习概念，以帮助他们为游戏做好充分准备。

- 对于需要语言支持的学生们，可在卡片上准备课堂上使用的任何语言的翻译。

策略 34 金字塔游戏

"金字塔游戏"策略是高度互动的,让学生们练习用自己的话解释关键概念,并从他们的同伴那里得到即时反馈。

课堂示例

　　语文教师把学生们分成两人一组。一名成员面向班级的前面并提供线索,另一个成员背对着他们的同伴,试图猜出这些术语。为了复习文学作品的主题,老师在屏幕上显示了"善、恶、爱、救赎"这几个词。一个搭档提供线索,另一个搭档根据线索识别单词。

教学策略实施步骤

请使用以下步骤实施"金字塔游戏"策略。

1. 确定需要复习的关键术语。

2. 将学生们分成两人组。两人背靠背站立,一人面向教室的前方,另一人面向教室的后方。

3. 解释游戏规则。面对教室前方的同伴提供线索,试图让他们的同伴尽快地说出屏幕上的所有术语,当他们说完后,猜词者面向教室的前方,并和同伴击掌。

4. 将第一组单词张贴在黑板上或电子屏幕上。

5. 指导能看到单词的学生开始给他们的搭档提供线索。

6. 当学生猜出所有术语时,合作伙伴互相击掌或者碰拳,然后面向教室的前面。在最短时间内猜完术语的小组获胜。

7. 在小组完成所有的术语后互换角色,由另一位成员即刻提供线索。

其他形式

你可以使用策略 34 开展其他形式的教学活动。

● 如果提供线索的学生不小心说出了其中一个关键术语,可以使用蜂鸣器或铃声。

● 让一名学生向全班同学提供线索。教师把术语写在纸上,这样只
有提示者和教师才能看见。

其他科目的教学示例

以下展示了讲授其他科目时使用策略 34 的示例。

● 阅读威廉·莎士比亚的《罗密欧与朱丽叶》(*Romeo and Juliet*)
后,语文教师让学生们两人一组来复习人物角色,一人面向教室
的前方,并试图尽快向同伴描述屏幕上显示的人物角色。

● 数学教师在开始讲授统计单元时复习词汇术语。其中一些术语
包括平均值、中位数、众数、点图、直方图和箱型图。教师指导学
生们用数学描述来表达数学术语(例如,"不要用'不好'这样的线
索来表示'平均值'")。每轮结束后,教师叫几名学生告诉全班同
学他们的搭档是如何描述帮助他们猜出单词的。

● 作为对分子运动的回顾,科学教师给学生提供一些词汇术语,如
渗透、扩散和主动运输。学生迅速向同伴描述每个术语的特征,
直到同伴能说出这些术语的名字。在他们能够成功地说出一轮

的所有术语后,学生与同伴互换角色。

- 社会研究课上,学生们复习关于早期殖民和北美殖民地的单元词汇。其中一些术语包括"中央航路""哥伦布大交换""三角贸易路线"和"十三殖民地"。学生们描述这些词汇,并试着让同伴猜测。

- 在学习数字公民后,技术教师会发布一些关键术语,包括网络安全、有效沟通和媒介素养。学生们描述这些术语,并试着让同伴猜出来。

差异化方案

以下展示了需要额外帮助或拓展学习机会的学生使用策略 34 的示例。

- 让需要额外帮助的学生们组成一个小组,而不是两人组。两位学生提供线索,两位学生猜测。

- 对于需要语言支持的学生们,允许他们使用数字翻译应用软件,或者通过表演或展示屏幕上术语相关的视觉效果。如果他们猜出这个术语,就可以得到一张包含所有潜在术语的总列表,并指出列表中他们认为正在被描述的术语。

策略 35　跺脚

运用"**跺脚**"策略,学生身体上参与到复习关键概念中,使他们能够接触到在第二章(第 13 页)中讨论的具身认知。这是帮助学生加强神经通路和创造黏性学习的好方法。

课堂示例

　　学生们一直在学习音乐流派。教师让每8名学生组成一组,并将每组分成两队。教师把写有学生们学过的音乐流派名称的卡片放在地板上,并指导学生们听一首音乐。播放几段音乐后,教师喊出一个数字,每组中代表该数字的学生以最快的速度踩在流派卡片上,为自己的队伍赢得一分。

教学策略实施步骤

请使用以下步骤实施**"踩脚"**策略

　　1. 制作卡片放在地板上,卡片上对应着多项选择的答案或概念(如数学属性或文学主题)。

　　2. 创建8到10名学生的小组。然后,每组分成两队,每队排成一行,代表答案选择的卡片放在队伍之间的地板上。

　　3. 指导各队按队列进行编号。

　　4. 大声说出或在屏幕上显示问题,然后说出一个数字。每队中代表该数字的学生将尝试快速去踩答案选项,先踩到正确答案的队伍得一分。

其他形式

你可以使用策略35开展其他形式的教学活动。

- 除了站着踩脚,也可以让学生们4人一组,每队2人,被叫到号码的学生在卡片上拍出正确答案。

- 创建没有正确答案选择的高级提示。小组可以讨论他们的答案,然后当教师叫一个号码时,那个人就会跺脚并为他们的答案辩护。

其他科目的教学示例

以下展示了讲授其他科目时使用策略 35 的示例。

- 在读完凯特·肖邦的《德西蕾的婴孩》后,语文教师将学生们分成两组,并给每位学生分配一个数字。教师喊出一个数字,并大声朗读一个关于该短篇小说的情节、观点、视角或主题的问题。每组代表该数字的学生试图快速踩到所选择的答案上,先踩到正确答案的小组得一分。

- 为了复习实数系统,数学教师把学生们分成小组,在地上放上各种数字类型的卡片(有理数、无理数、整数、非负整数等)。当教师在屏幕上显示一个数字时,小组中的一名成员就在相应的数字分类上跺脚。

- 科学教师把全班分成小组,每个小组成员都要编号,将 A、B、C 和 D 卡片放在地板上,阅读一个关于太阳系的问题和一系列多项选择题。教师喊出一个学生的编号,该学生就在正确答案上跺脚。

- 在讲授政府权力分立后,社会研究教师将全班学生分组,并给每位学生编号,教师创建问题,要求学生们用卡片上的具体权力来确认政府的立法、行政或司法部门。教师喊出一位学生的编号,该生就在正确答案上跺脚。

- 美术教师将代表不同艺术历史时期的卡片放在地板上,将学生们分成小组并给学生编号。教师展示其中一个时期的一件艺术品,喊出一位学生的编号,该生就在正确的选项上跺脚。

差异化方案

以下展示了需要额外帮助或拓展学习机会的学生使用策略 35 的示例。

- 允许需要额外时间思考的学生与小组交流,然后跺脚,或者设置一个计时器,让他们在跺脚之前有时间思考。

- 如果一个小组里有无法跺脚的学生,可以指定一名代表为该小组跺脚。在被选中的学生回答完问题后,该代表就跺脚。

- 让那些准备好迎接更高层次挑战的学生们在跺脚后证明他们的选择。

策略 36　猜一猜

"**猜一猜**"帮助学生们围绕课程或单元中的关键概念建立联系。当学生们通过"是或否"的问题来猜术语时,他们围绕这些概念建立了强大的神经网络,这支持了长期学习的过程。

课堂示例

　　在学习了生物和非生物之间的科学差异之后,小组内一名学生选择了"代谢反应"这个术语。小组内的学生通过提问来猜术语。根据提示猜对术语的学生得一分。

教学策略实施步骤

请使用以下步骤实施"**猜一猜**"策略。

1. 根据课堂所学单元创建一个关键词汇表。

2. 4—5 名学生为一组。

3. 向小组提供指导。每组一名学生从复习表中选择一个术语并站起来。站在其右边的学生问一个"是或否"的问题。如果该生问了一个问题且答案是肯定的,那么站立的学生向右移动两步。如果答案是否定的,那么站立的学生向左移动两步。在小组内轮换,让每位学生都有平等的机会提问。轮到确定术语的小组成员将赢得一分。

4. 轮流选择术语,直到复习完所有的术语。

其他形式

你可以使用策略 36 开展其他形式的教学活动。

- 不是要求学生们移动两步,而是让学生们选择概念,如果学生陈述正确就站起来,如果陈述错误就坐下。学生们还可以把手举起来,做出一个"Y"来表示正确,交叉双臂做出一个"X"来表示错误。

- 让猜测者提出开放式问题,回答者给出信息,就像他们在说话一样。例如,如果这个词是扩散,提问者可以问:"你喜欢参加聚会吗?"然后对方会回答,"当然! 我喜欢和很多人在一起。"

- 不是让学生们从复习表中选择单词,而是把单词写在桌子上的卡片上或投影在屏幕上,每组只有一位学生可以看到。

- 指导小组绘制一个概念的整理表或思维导图,但不要在整理表上或思维导图的中心位置标出主要思想。然后学生们把这些贴在教室里,小组讨论并在纸上写下他们认为整理表或思维导图上缺失的关键观点。

其他科目的教学示例

以下展示了讲授其他科目时使用策略 36 的示例。

- 在复习希腊戏剧如索福克勒斯的《安提戈涅》(*Antigone*)中的关键词汇时,语文教师创建一个词汇表,包括"悲剧""傲慢""狄俄尼索斯"和"合唱团"。学生们分成小组,每组一位学生从复习列表中选择一个术语。其他成员提出"是"或"否"的问题,试图猜出这个术语,猜对的学生得一分。

- 为了复习几何概念,数学教师给学生们一张词汇表,如直线、点、射线、角度等。一位学生选择一个词汇,其他小组成员提出"是"或"否"的问题,试图猜测这个词汇。

- 在科学课上,为了复习不同的细胞部分,如细胞核、叶绿体、线粒体、细胞膜和细胞壁,小组中的一名学生从复习表中选择一个术语。其他小组成员提出"是"或"否"的问题,试图猜出这个术语。

- 学生们抽一张卡片,上面有在社会研究课上学过的主要地形、气候或生态系统。小组成员提出"是或否"的问题,试图确认卡片上的术语。

- 在体育课上,为了复习舞蹈的要素,包括身体、动作、空间、时间和能量,一名学生从复习列表中选择一个术语,小组成员通过回答"是或否"的问题来试图猜出术语。

差异化方案

以下展示了需要额外帮助或拓展学习机会的学生使用策略 36 的示例。

- 为需要额外帮助的学生们提供问题清单,供他们选择。或向他们提供单词的定义。
- 让学生们通过创造具有挑战性的线索来扩展学习范围,他们的小组可以用这些线索来猜单词。

思考与实践

思考题

请回顾本章内容并思考下列 5 个问题。

1. 你发现在课堂上使用游戏的好处是什么了吗?

2. 你还使用了哪些包含动作和思考的游戏?

3. 本章中介绍的哪些游戏可以在下个月内的课堂上使用?

4. 你将如何调整所介绍的其中一个游戏,以满足课堂上学生的需要?

5. 哪个科目的例子让你想到可以在课堂上做些什么?

实践题

请组织以下 3 项活动,将本章的概念应用到你的课堂教学中。

1. 从本章介绍的游戏策略中选择一种,你是否需要在课堂做一些调整? 实施策略并思考下次改进的方法。

2. 与同事谈论他们在课堂上使用的游戏。你如何调整你同事的想法来满足你课堂上学生的需要?

3. 观察另一位有效运用教学游戏的教师。该同事使用了什么游戏,你如何调整这些游戏以满足课堂上学生的需求?

第六章
巩固参与文化

  佩雷斯老师为小组活动准备教室。他挪动课桌,形成四人一组的讨论桌舱,这样也为活动留出了足够的空间。小组内有不同类型的座位,包括站立式课桌、脚踏式课桌、类似凳子的摇摆椅以及坐垫,学生查看教师门外张贴的分组情况,并选择自己喜欢的座位类型。通过铃声提问复习前一天的内容后,佩雷斯老师解释了教学目标,并介绍了"小组疾走"活动。

  在小组中,学生分析正在阅读的书中的引文,并在该页的下方独自记录答案,然后将答案折叠起来,以免下一位学生看到。当所有小组成员都完成时,他们轮换座位并查看不同的引文和问题。这个过程一直持续到所有学生轮流坐完四个不同的座位为止。

  接下来,佩雷斯老师明确了对任务的要求。

- 轮换期间不得交谈,只能独立完成。
- 只有当所有小组成员都在纸上写下自己的答案并折叠后才能移动。

> ● 如果在活动中需要帮助,请举手。
>
> 　　他提醒全班同学,在上一次小组活动中,他们都很专注且完成了任务。佩雷斯老师自信地表示,他知道今天又将是一次精彩的学习体验。在活动中,佩雷斯老师在教室里四处走动,留意是否有学生遇到困难,然后用发人深省的问题和提示来帮助他们理解。

　　你有注意到佩雷斯老师在活动中是如何与全班同学互动的吗? 你认为这是否创造了一个成功的学习环境? 你认为促进学生高水平参与的因素是什么?

　　当你读到最后一章时,你会遇到 30 多个通过在课堂上融入运动来吸引学生的策略。事实上,你会遇到 36 个! 但是,确保学生参与并非只是实施一些策略。教师如果想让学生们长期投入到学习中,就必须要超越策略的运用,并直指问题的核心:他们必须通过主动学习努力创造一种参与文化。

　　教师如何开始将课堂文化转变为参与文化? 在汇总了数十年的学生参与感调查结果后,盖洛普咨询公司发现有两个调查项目与学生的参与感密切相关(Hodges,2018)。

　　1. "我的学校致力于培养每个学生的特长"。

　　2. "至少有一位教师让我对未来感到兴奋"。

　　与那些回答强烈不同意这些陈述的学生相比,回答强烈同意的学生在学校参与的可能性要高 30 倍。因此,为了建立学生的参与文化,学生需要致对他们的成功充满热情且具有奉献精神的教育者。

为了帮助学生取得成功,我们如何建立积极的学习环境和具有认知挑战性的课堂,同时避免学生长时间坐在次优学习环境中的模式呢? 有三个关键的考虑领域:(1)课堂氛围;(2)课堂设计;(3)课堂管理。

课堂氛围

在本书中,我提到了文化响应是提高学生参与度的关键——当学生看到教师赞美自己的家乡文化并融入现实经验时,就会在课堂上感受到更强的归属感并有更多的投入。但是,文化响应并不局限于师生关系。塑造参与文化意味着为所有学生树立如何相互尊重和赞美的榜样,以及如何使课堂成为一个安全的地方。在这里,差异被视为财富而不是缺陷。

班级凝聚力是帮助学生包容同学的第一步。一开始,教师可能需要根据书中的建议来分配两人组、多人组和团队。但是,教师应努力做到让学生愿意与班级中的任何人结成伙伴,支持他们的独特需求并赞美他们的差异。当所有学生都感到被包容时,那么班级文化则是一个舒适且安全的环境。幸运的是,正如你在本书中学到的,运用动觉学习和具有社交互动的小组任务,将营造主动的学习环境,因为这些都是大多数学生喜欢的任务。

这方面如此强大的一个原因是,它重新连接了大脑,使其面向群体。与团队和伙伴合作可以发展关系,进而发展成友谊。当这种情况发生时,大脑就会分泌血清素,这是一种能平衡情绪且能带来愉悦感和幸福感的激素。当情感融入学习过程时,神经递质物质化,并提高所学内容被保留和检索的概率(Herman & Nilson, 2018)。当学习具有刺激性和愉悦感时,神经递质多巴胺就会在大脑中释放。当学生与其他学生合作时,他们会变得更有同理心,这也会对他们在课堂上的信念和行动产生积极影响。

营造归属感不仅仅是为了弘扬文化差异,从根本上说,它是为了营造一种安全的课堂氛围。学生在与他人合作时需要有心理安全感。如果教师或同学羞辱犯错的学生,羞辱提问的学生,在全班面前否定他们的经历(仅举几个例子)大脑可能会将这种经历解读为一种威胁,从而激活"战斗或逃跑反应"。当学生的神经系统被激活时,他们可能会退缩或不假思索地做出反应,以此作为一种保护机制。以下是构建心理安全课堂环境的几个注意事项(Inner Drive, 2022)。

- **练习积极倾听**:通过总结同伴的主要观点、分享他们提到的好主意或提出一个问题,来教导学生成为积极的倾听者。学生不应支配或贬低他人。

- **培养开放的心态**:教导学生反思自己的错误,并决定下次可以采取什么不同的做法。教师可以强化这样的观念:反馈可以提供改进的机会,而不仅仅是批评。

- **提出问题**:鼓励学生提问,注意自己的判断,实践好奇心。事实上,给所有学生留出时间来提出一个问题。学生需要在课堂上提问时感到自在。

- **建立共同的身份**:制定课堂目标和创建课堂礼仪,能让学生建立起归属感。

考虑采用以下特别提示来改善课堂氛围。

- 在活动开始时,明确说明活动的目的,确保所有课堂任务都符合标准和目标。

- 在小组任务结束时,请几名学生大声赞美他们的同伴或分享一个从他人那里学到的想法。

- 不允许任何学生侮辱他人。如果发生这种情况,私下与学生解决这个问题。

- 对课堂讨论中出现的不同想法和观点表示赞赏。称赞学生提出的独特想法。

- 通过分配两人组和多人组,确保学生不会总是与同一名同学或朋友合作。

- 尽可能将学习与学生的兴趣联系起来。

- 构建能挑战学生运用高层次思维技能的任务,同时为需要额外帮助的学生提供支架。

- 创建确保所有学生都能参与的组织形式,而不仅仅是同一名学生或总是举手的学生。随机点名让学生分享他们在小组中学到的知识。

- 对两人组、多人组和团队执行"不做贪婪者"或"不做木头人"规则:任何人都不得霸占交流时间不让他人发言,也不得做木头人不为讨论做贡献。提供发言代币(如扑克牌或扑克筹码),帮助确保所有学生都有平等的发言时间。

- 通过学生调查或课前课后一对一谈话,了解学生的兴趣和生活,有意识地与学生建立积极的关系,确定非学术性对话的时间,或留出时间闲聊对学生重要的话题。这些谈话可以在学生进出教室时的课堂过渡期间进行。闲聊能让学生感觉到他们的兴趣和身份是重要的(Frazin & Wischow, 2020)。

课堂设计

教师布置教室空间的方式对学习过程有着重要影响。考虑如何安排座位,让学生能够在教室里安全有序地走动并与同学互动。

越来越多的学校采用灵活的空间,使各种学习体验成为可能。这与支持运动融合密切相关;正如布拉德·约翰逊和梅洛迪·琼斯(2016)所说,"教室不应再以学生的课桌为中心"(p. 13)。在考虑教室布局时,专注于最大化学习,而不是最大化控制。虽然不是每个教室都适用,但可以考虑新颖的"阅读与骑行"计划,该计划旨在通过让学生一边骑固定的自行车一边阅读书籍来促进运动和学习(Johnson & Jones, 2016)。如"阅读与骑行"计划这样的创新性学习环境挑战了教师对教室传统布局的重新构想。

请考虑以下提示,以便在设计教室时,让教室充满运动。

- 组建由四张课桌拼成的桌舱,以方便交谈。
- 确保有开阔的空间,便于学生走动和获取材料,也便于教师观察所有的两人组、多人组和团队。
- 使用可移动的装置和多种座位选择,如健身球、地板座位、站立式站点、平衡球椅和跑步机站点。
- 当教室空间有限时,可利用学校走廊、公共区域或室外空间进行运动任务。

图 6.1（第 92 页）显示了最大限度提高学生参与度的各种座位配置。

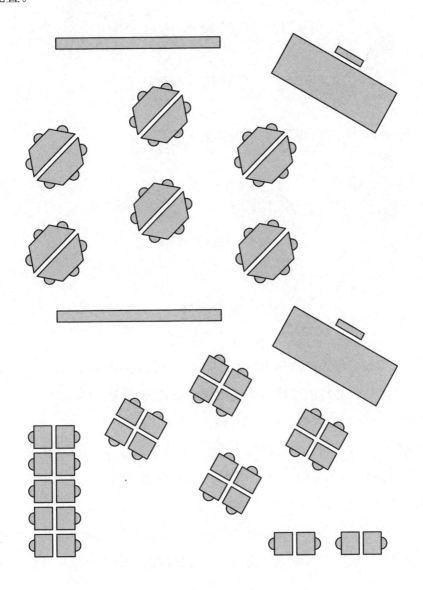

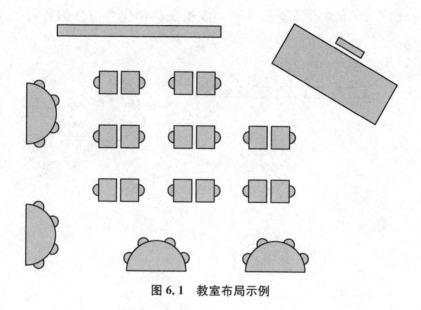

图 6.1　教室布局示例

课堂管理

如果没有深思熟虑和明确的目标,学生活动很容易陷入混乱。教师经常担心引入独特的策略将会造成课堂管理问题,如行为不端、反应不成熟、不愿参与或过度兴奋。在引入活动时,建立明确的流程和指令可以确保学生以适当的方式参与。当教师嵌入活动任务时,学生更有可能顺利完成任务,提升协作和自信水平,承担更多责任,并发挥领导作用(Griss, 2016)。

本书中的许多策略都涉及全班讨论。教师该怎么做才能为一场成功的全班讨论定下基调呢? 我喜欢把有效的课堂讨论想象成一场篮球比赛中的动态过程:许多球员传球,熟练地沿着球场向球门移动。在有效的课堂讨论中,教师可能会提出一个问题。一名学生发表评论,另一名学生提供支持性证据,还有一名学生提出相反的观点。许多人提出了各种各样的想法与观点,提出探索性问题,并与现实建立联系,从而创造一个强有力的讨论,然而培养这种类型的讨论需要时间和练习。

表 6.1(第 94 页)分析了教师在促进全班讨论时所面临问题的常见情景,提供了如何回应的建议,并举例说明它可能是什么样子的。考虑使用该"小组疾走"图表来确保你的课堂讨论就像一场篮球比赛那样,有很多学生贡献自己的想法。

表 6.1 小组疾走

发生的情景	你的想法	有用的措施	内容示例
一名学生给出正确的回答	说得好,大家都明白了吗?	让其他人改述或复述所说的话。	● "谁能用自己的话表达出来?" ● "谁认为自己能重复这句话?"
	虽然学生都听到了,但我想让他们与这个想法联系起来!	询问其他学生的想法。	● "有谁同意或不同意,为什么?" ● "谁想对_____刚才所说的内容进行补充"。 ● "你认为这个想法怎么样?" ● "有人有不同意见吗?"
	我认为学生们都明白了,但是我需要深入地挖掘该生的思维。	询问学生为什么这样思考。	● "是什么让你这样想的?" ● "你依据的证据是什么?" ● "你能向我们解释一下你的推理吗?" ● "你是怎么想出来的?"

续 表

发生的情景	你的想法	有用的措施	内容示例
一名学生给出的回答不正确、难以理解或偏离主题。	我们真的偏离轨道了。即使他们参与了,这也不是我们要考虑的问题。	运用你的最佳判断力,让学生回到正轨。	• "你能把这与我们的问题联系起来吗?" • "有人能告诉我这与我们的问题有什么联系吗?" • "啊,我们的问题是什么?让我们回想一下要去哪里?"
	啊?我完全不明白。	请学生多说一些。	• "你能多说一点吗?" • "你能再说一遍吗?" • "你能举个例子说明你的意思吗?" • "那么,让我看看我是否理解了。" • "你是说……?"
	这是错误的回答,它不会给我们带来任何结果。	请根据自己的最佳判断来决定如何继续前进。	• "你能再说一遍吗?" • "有人有不同的看法吗?" • "嗯,实际上,记得我们……(给予纠正)"
学生不回答、面无表情或给出一个值得讨论的错误回答。	这是错误的回答,但是讨论这个问题可能会非常有效。	让学生多说一些他们是如何或为什么得出答案的。	• "你为什么这么想?" • "多说点。" • "你为什么这么说?" • "其他人怎么看?" • "有人能复述一下吗?"
	我猜他们需要时间思考!	停下来让学生处理;给他们时间思考。	• "停下来想一想,或者停下来记一记。" • "然后转身说话。" • "然后再问!"

资料来源:*English Learners Success Forum, n. d.* 本作品在知识共享署名 4.0 下获得许可国际许可证(https://creativecommons. org/licenses/by/4.0/)。

在规划积极的学习体验时,可以考虑以下课堂管理技巧。

- 考虑小组规模。小学生通常结对学习的效果更好,而中学生则在更大的小组和团队中合作更好。一般来说小组人数越多,每个人分享想法的时间就越少。

- 事先制定活动指南并在活动中根据需要加以说明。

- 分配学生角色时,可让学生根据自己的特长进行选择,每天轮换角色,或随机分配角色。

- 对学生的作业提出明确而高的要求。提供评分标准、检查表或学生作业范例,以便学生能够预想到最终结果的要求。

- 根据学生的年龄水平调整讨论时长。中学阶段的学生通常比小学阶段的学生在讨论中集中注意力的时间更长。对于超过 10 岁的学生建议最多讨论一小时。深入的讨论可以延续到后续课程。对于 9 岁及以下的学生建议讨论 30—40 分钟(Ostroff, 2020)。

- 确定活动之间的过渡方法,例如,要求学生在完成与伙伴的讨论后回到座位上。考虑播放音乐、数到十或使用计时器来帮助学生完成过渡。学生的过渡时间不应超过一分钟(Lengel & Evans, 2019)。

- 提前确定不当行为的后果(例如,提醒学生回到学习任务中来;重新引导他们做作业;提出警告或给他们布置其他作业)。

- 设定个人空间界限。学生在教室内走动时应不碰撞到他人。

- 注意你如何将学生配对和分组,确保以一种能发挥学生优势的方式匹配他们。让他们有机会利用自身优势为合作做出贡献。

在实施主动学习体验时,请考虑以下课堂管理技巧。

- 在开始任何活动前,宣布课堂规则和流程。由于每位教师有不同的要求,教师应向学生说明可接受的声音大小、何时允许或不允许活动,如何请求帮助,以及完成作业后如何上交。课堂上应该通过一个小任务来练习这些步骤,以确保学生在尝试更复杂的策略前理解这些步骤。通过在活动开始前重述流程来强调你的要求。如果在活动过程中,学生没有遵守流程,教师应提醒学生注意要求。或展示一个带有流程要求的视频有助于对他们进行引导。提供清晰的课堂规则可以帮助患有高度焦虑或其他心理健康问题的学生知道自己该做些什么。

- 使用提示(如关灯几秒钟,播放音乐,在屏幕上闪烁停止标志的图像或举手)来吸引学生的注意力。在活动前,教给学生这些提示,这样学生就能清楚地知道什么时候该停止说话,把注意力集中到教师身上。

- 积极地表示你相信学生将会喜欢并参与任务。

- 在教室里走动,监督学生的行为,并对学生的理解进行形成性评估。

- 显示计时器,让所有学生都能看到,并根据需要为活动内容设置时间限制。

- 在活动结束时提供反馈。哪些效果好?通过表扬强化积极行为。请学生提出改进下次活动的建议。戴安娜·坎宁安(2020)建议教师通过提出以下问题来获取学生的反馈。

  - 你们小组今天哪些方面做得好?

  - 什么样的思维能力对你们小组构成挑战?你为什么这么想?

  - 讨论过程中哪一部分对你来说是困难的?哪一部分是容易的?

- 你们小组下次讨论的目标是什么?

- 小组讨论的哪个方面对你最具挑战性? 为什么?

- 大声说出别人的想法对你的理解有什么帮助?

- 你们小组提出了哪些新问题?

- 为了改进今天的讨论,你们小组可能会有哪些不同的做法? 为什么这样认为?

- 在所有学生与同伴合作时进行监督。不要让学生合并成大组,这样你就无法随时看到他们。这往往会导致学生出现偏离任务的行为。让各小组在教室四周散开。

思考与实践

思考题

请回顾本章内容并思考以下 5 个问题。

1. 在过去,什么因素使实施主动学习体验成为一项挑战?

2. 关于课堂氛围、设计和管理方面的哪些建议对你最有帮助?

3. 在营造吸引人的课堂环境方面,你还有什么问题或不确定因素?

4. 为营造积极的课堂氛围,你下一步的打算是什么?

5. 你将如何重新布置教室从而最大限度地利用空间来融合运动?

实践题

请组织以下 3 项活动,将本章的概念应用到你的课堂教学中。

1. 从每个部分中选择一个关于课堂氛围、设计或管理方面的建议,并在你的课堂上做出改变。

2. 完成"重新评价你的理解"再现材料,并反思你在阅读本书过程中学到的所有知识。

再现材料

重新评价你的理解

完成问卷,评价你对学生参与和活动融合相关概念的理解。将你的答案与表 6.2(第 5 页)中记录的答案进行比较。

表 6.2 评估你的理解

学生参与度调查问卷
以下每个问题,请在你最认可的答案前打钩。
你如何评估自己对学生参与概念的理解? □尚未探究学生参与的概念 □部分理解学生参与的基本理念 □理解学生参与的基本理念 □完全理解吸引学生参与的多种方法 你如何评估自己对认知参与概念的理解? □尚未探索认知参与的概念 □部分理解认知参与的基本理念 □理解认知参与的基本理念 □完全理解让学生参与认知的多种方法 你如何评估自己对活动融入概念的理解? □尚未探索活动融入的概念 □部分理解活动融入的基本理念 □理解活动融入的基本理念 □完全理解运用活动融入的多种方法

参考文献和资源

2018 Physical Activity Guidelines Advisory Committee. (2018). *Physical Activity Guidelines Advisory Committee scientific report*. U. S. Department of Health and Human Services. Accessed at https://health. gov/our-work/nutrition-physical-activity/physical-activity-guidelines/current-guidelines/scientific-report on August 31, 2022.

Adams, A. M. (2016). How language is embodied in bilinguals and children with specific language impairment. *Frontiers in Psychology*, 7.

Adams-Blair, H. & Oliver, G. (2011). Daily classroom movement: Physical activity integration into the classroom. *International Journal of Health, Wellness, & Society*, 1(3), 147 - 154.

Aguilar, M., Ahrens, R., Janowicz, P., Sheldon, K., Turner, E., & Willia, G. (2021). *2021 - 2022 State of Engagement Report*. GoGuardian. Accessed at https:// goguardian. highspot. com/viewer/616f557ef9bf81 f8cda63312? iid = 617038c70db0f7943e810f0b on August 29, 2022.

Alber, R. (2013, October 31). *Five powerful questions teachers can ask their students*. Accessed at www. edutopia. org/blog/five-powerful-questions-teachers-ask-students-rebecca-alber on May 13, 2022.

Álvarez-Bueno, C., Pesce, C., Cavero-Redondo, I., Sánchez-López, M., Garrido-Miguel, M., & Martínez-Vizcaíno, V. (2017). Academic achievement and physical activity: A meta-analysis. *Pediatrics*, 140(6), e20171498.

Ampel, B. C., Muraven, M., & McNay, E. C. (2018). Mental work requires physical energy: Self-control is neither exception nor exceptional. *Frontiers in Psychology*, 9.

Anderson, L. W., & Krathwohl, D. R. (Eds.). (2001). *A taxonomy for learning, teaching, and assessing: A revision of Bloom's taxonomy of educational objectives* (Complete ed.). New York: Longman.

Anderson, M. (2021, December 6). *Six intrinsic motivators to power up your teaching*. Accessed at www. ascd. org /el/articles/6-intrinsic-motivators-to-power-up-your-teaching on May 13, 2022.

Antonetti, J., & Stice, T. (2018). *Powerful task design: Rigorous and engaging tasks to level up instruction.* Thousand Oaks, CA: Corwin.

Appleton, J. J., Christenson, S. L., & Furlong, M. J. (2008). Student engagement with school: Critical conceptual and methodological issues of the construct. *Psychology in the Schools*, *45*(5), 369 – 386.

Blazar, D., & Pollard, C. (2022). *Challenges and tradeoffs of "good" teaching: The pursuit of multiple educational outcomes*. EdWorkingPaper: 22 – 591. Accessed at www. edworkingpapers. com/sites/default/files/ai22-591. pdf on August 1, 2022.

Borman, G. D., & Overman, L. T. (2004). Academic resilience in mathematics among poor and minority students. *Elementary School Journal*, *104* (3), 177 – 195.

Boser, U., & Rosenthal, L. (2012, July 10). *Do schools challenge our students?* Center for American Progress. Accessed at www. scribd. com/document/99242229/Do-Schools-Challenge-Our-Students on July 28, 2022.

Britannica. (n. d.). Mind-body dualism. *Encyclopaedia Britannica*. Accessed at www. britannica. com/topic /mind-body-dualism on June 3, 2022.

Browning, C., Edson, A. J., Kimani, P., & Aslan-Tutak, F. (2014). Mathematical content knowledge for teaching elementary mathematics: A focus on geometry and measurement. *The Mathematics Enthusiast*, *11*(2), 333 – 383.

Camahalan, F. M., & Ipock, A. R. (2015). Physical activity breaks and student learning: A teacher-research project. *Education*, *135*(3), 291 – 298.

Carson, V., Hunter, S., Kuzik, N., Gray, C. E., Poitras, V. J., Chaput, J. P, et. al. (2016). Systematic review of sedentary behaviour and health indicators in school-aged children and youth: An update. *Applied Physiology, Nutrition, and Metabolism*, *41*(6 Suppl 3), S240 – S265.

Carson, V., Ridgers, N. D., Howard, B. J., Winkler, E. A., Healy, G. N., Owen, N., et. al (2013). Light-intensity physical activity and cardiometabolic biomarkers in US adolescents. *PloS One*, 8(8),1–7.

Centers for Disease Control and Prevention. (2014). *Health and academic achievement*. Accessed at www.cdc.gov/healthyyouth/health_and_academics/ pdf/health-academic-achievement.pdf on May 13, 2022.

Clayton, R., Thomas, C., & Smothers, J. (2015, August 5). How to do walking meetings right. *Harvard Business Review*. Accessed at https://hbr.org/2015/ 08/how-to-do-walking-meetings-right on May 13, 2022.

Colorado Education Initiative. (n.d.). *Take a Break! Teacher toolbox: Physical activity breaks in the secondary classroom*. Accessed at www.coloradoedinitiative.org/wp-content/uploads/2014/08/CEI-Take-a-Break-Teacher-Toolbox.pdf on June 15, 2022.

Cunningham, D. (2020). Three moves to elevate student discussion. *Educational Leadership*, 15(16),1–5.

Dinkel, D., Schaffer, C., Snyder, K., & Lee, J.M. (2017). They just need to move: Teachers' perception of classroom physical activity breaks. *Teaching and Teacher Education*, 63,186–195.

Donnelly, J.E., & Lambourne, K. (2011). Classroom-based physical activity, cognition, and academic achievement. *Preventive Medicine*, 52(1),S36–S42.

Egger, F., Benzing, V., Conzelmann, A., & Schmidt, M. (2019). Boost your brain, while having a break! The effects of long-term cognitively engaging physical activity breaks on children's executive functions and academic achievement. *PloS One*, 14(3),e0212482.

Egger, F., Conzelmann, A., & Schmidt, M. (2018). The effect of acute cognitively engaging physical activity breaks on children's executive functions: Too much of a good thing? *Psychology of Sport and Exercise*, 36,178–186.

El-Shamy, S. (2001). *Training games: Everything you need to know about using games to reinforce learning*. Sterling, VA: Stylus.

English Learners Success Forum. (n.d.). *Talk Moves*. Accessed at https://assets-global.website-files.com/5b43fc97fcf4773f14ee92f3/5cca8d85fa288977b3990a49_ Talk%20Moves%20ELA.pdf on September 1, 2022.

Erwin, H.E., Abel, M.G., Beighle, A., & Beets, M.W. (2011). Promoting children's health through physically active math classes: A pilot study. *Health Promotion Practice*, 12(2),244–251.

Erwin, H., Fedewa, A., & Ahn, S. (2012). Student academic performance outcomes of a classroom physical activity intervention: A pilot study.

International Electronic Journal of Elementary Education, 4(3),473 – 487.

Erwin, H., Fedewa, A., Beighle, A., & Ahn, S. (2012). A quantitative review of physical activity, health, and learning outcomes associated with classroom-based physical activity interventions. *Journal of Applied School Psychology, 28* (1),14 – 36.

Everhart, B., Dimon, C., Stone, D., Desmond, D., & Casilio, M. (2012). The influence of daily structured physical activity on academic progress of elementary students with intellectual disabilities. *Education, 133*(2),298 – 312.

Ferlazzo, L. (2020, July 24). *Eight ways to use movement in teaching & learning.* Accessed at www. edweek. org/teaching-learning/opinion-eight-ways-to-use-movement-in-teaching-learning/2020/07 on May 13,2022.

Fisher, D., Frey, N., & Hattie, J. (2016). *Visible learning for literacy, grades K – 12: Implementing the practices that work best to accelerate student learning.* Thousand Oaks, CA: Corwin.

Fisher, D., Frey, N., & Hattie, J. (2020). *The distance learning playbook, grades K – 12: Teaching for engagement and impact in any setting.* Thousand Oaks, CA: Corwin.

Fisher, D., Frey, N., Quaglia, R. J., Smith, D. B., & Lande, L. L. (2018). *Engagement by design: Creating learning environments where students thrive.* Thousand Oaks, CA: Corwin.

Frazin, S., & Wischow, K. (2020). *Unlocking the power of classroom talk: Teaching kids to talk with clarity and purpose.* Portsmouth, NH: Heinemann.

Fredricks, J.A., Blumenfeld, P.C., & Paris, A.H. (2004). School engagement: Potential of the concept, state of the evidence. *Review of Educational Research,* 74(1),59 – 109.

Gallup. (2014). *The state of America's schools report.* Accessed at www. gallup. com/education/269648/state-america-schools-report. aspx on June 27,2022.

Gay, G. (2000). *Culturally responsive teaching: Theory, research, and practice.* New York: Teachers College Press.

Gay, G. (2002). Preparing for culturally responsive teaching. *Journal of Teacher Education, 53*(2),106 – 116.

Gay, G. (2010). *Culturally responsive teaching: Theory, research, and practice* (2nd ed.). New York: Teacher's College Press.

Griss, S. (2016, March 30). The power of movement in teaching and learning. *Ed*

Week. Accessed at www. edweek. org/teaching-learning/opinion-the-power-of-movement-in-teaching-and-learning/2013/03 on May 13, 2022.

Gupta, N., & Reeves, D. B. (2021, December 6). *The engagement illusion.* Accessed at www. ascd. org/el/articles/the-engagement-illusion on May 13, 2022.

Hall, E. M. (2007). Integration: Helping to get our kids moving and learning. *The Physical Educator*, 64(3), 123 – 128.

Hammond, Z. (2020). The power of protocols for equity. *Educational Leadership*, 77(7), 45 – 50.

Hassinger-Das, B., & Hirsh-Pasek, K. (2018). Appetite for knowledge: curiosity and children's academic achievement. *Pediatric Research*, 84(3), 323 – 324.

Hattie, J. (2012). *Visible learning for teachers: Maximizing impact on learning.* New York: Routledge.

Hattie, J., & Yates, G. (2014). *Visible learning and the science of how we learn.* New York: Routledge.

Haystead, M. W., & Marzano, R. J. (2009). Meta-analytic synthesis of studies conducted at Marzano Research Laboratory on instructional strategies. Accessed at https://eric. ed. gov/?id＝ED538088 on May 13, 2022.

Heller, C. A. (2017). Harness fidgeting to improve focus. *Attention Magazine*. Accessed at https://chadd. org/attention-article/harness-fidgeting-to-improve-focus on August 29, 2022.

Herman, J. H. & Nilson, L. B. (2018). *Creating engaging discussions: Strategies for "avoiding crickets" in any size classroom and online.* Sterling, VA: Stylus.

Hernandez, K. M. (2018). *Activate: Deeper learning through movement, talk, and flexible classrooms.* Portland, ME: Stenhouse.

Hillman, C., Erickson, K., & Kramer, A. (2008). Be smart, exercise your heart: Exercise effects on brain and cognition. *Nature Reviews Neuroscience*, 9, 58 – 65.

Himmele, P., & Himmele, W. (2011). *Total participation techniques: Making every student an active learner.* Alexandria, VA: ASCD.

Hishon, K. (n. d.). *Pros and cons: Assigned groups vs. class-chosen groups.* Accessed at www. theatrefolk. com/blog/pros-and-cons-assigned-groups-vs-class-chosen-groups on June 28, 2022.

Hodges, T. (2018, October 25). School engagement is more than just talk. *Gallup*. Accessed at www. gallup. com/education/244022/school-engagementtalk. aspx on June 27, 2022.

Hoffer, W. W. (2020). *Phenomenal teaching: A guide for reflection and growth*. Portsmouth, NH: Heinemann.

Holt, E., Bartee, T., & Heelan, K. (2013). Evaluation of a policy to integrate physical activity into the school day. *Journal of Physical Activity & Health*, 10 (4), 480 – 487.

Howard, J., Bingener, C., & Howard, T. (2021, December 6). *Essential strategies for inclusive teaching*. Accessed at www. ascd. org/el/articles/essential-strategies-for-inclusive-teaching on May 13, 2022.

InnerDrive (2022). *Psychological safety in the classroom*. Accessed at https://blog. innerdrive. co. uk/psychological-safety-in-the-classroom on May 13, 2022.

Jarrett, O. S., Maxwell, D. M., Dickerson, C., Hoge, P., Davies, G., & Yetley, A. (1998). Impact of recess on classroom behavior: Group effects and individual differences. *Journal of Educational Research*, 92 (2), 121 – 126.

Jensen, E. (2005). *Teaching with the brain in mind* (2nd ed.). Alexandria, VA: ASCD.

Jia, X., Li, W., & Cao, L. (2019). The role of metacognitive components in creative thinking. *Frontiers in Psychology*, 10, 2404.

Johnson, B., & Jones, M. (2016). *Learning on your feet: Incorporating physical activity into the K – 8 classroom*. New York: Routledge.

Kagan, S., Kagan, M., & Kagan, L. (2016). 59 *Kagan structures: Proven engagement strategies*. San Clemente, CA: Kagan.

Kara-Soteriou, J. (2010). Computers in the classroom: Video games for the disengaged (and not only) students. *The NERA Journal*, 45 (2), 94 – 101.

Ke, F., Xie, K., & Xie, Y. (2015). Game-based learning engagement: A theory- and data-driven exploration. *British Journal of Educational Technology*, 47 (6), 1183 – 1201.

Kentucky Department of Education (2020). *Discussion: Evidence-based instructional practices #4*. Accessed at https://education. ky. gov/curriculum/standards/kyacadstand/Documents/EBIP_4_Discussion. pdf on May 13, 2022.

Kise, J. A. G. (2021). *Doable differentiation: 12 strategies to meet the needs of all learners*. Bloomington, IN: Solution Tree Press.

Knight, J. (2019). Students on the margins: How instructional coaching can increase engagement. *The Learning Professional*. Accessed at https://

learningforward. org/journal/coaching-2/students-on-the-margins on May 13,2022.

Knight, J. K. , & Wood, W. B. (2005). Teaching more by lecturing less. *Cell Biology Education*, 4(4),298 – 310.

Krock, L. P. , & Hartung, G. H. (1992). Influence of post-exercise activity on plasma catecholamines, blood pressure and heart rate in normal subjects. *Clinical Autonomic Research*, 2,89 – 97.

Kruse, M. (n. d.). *How to engage students with musical debates* [Blog post]. Accessed at www. readingandwritinghaven. com/how-to-engage-students-with-musical-debates on May 13,2022.

Lengel, T. , & Evans, J. (2019). *The movement and technology balance: Classroom strategies for student success.* Thousand Oaks, CA: Corwin.

Lindt, S. F. , & Miller, S. C. (2017). Movement and learning in elementary school. *Phi Delta Kappan*, 98(7),34 – 37.

López-Bueno, R. , López-Sánchez, G. F. , Casajús, J. A. , Calatayud, J. , Tully, M. A. , & Smith, L. (2021). Potential health-related behaviors for pre-school and school-aged children during COVID-19 lockdown: A narrative review. *Preventive Medicine*, 143:106349.

Macedonia, M. (2019). Embodied learning: Why at school the mind needs the body. *Frontiers in Psychology*, 10.

Marzano, R. J. (2007). *The art and science of teaching: A comprehensive framework for effective instruction.* Alexandria, VA: ASCD.

Mavilidi, M. F. , Okely, A. D. , Chandler, P. , & Paas, F. (2016). Infusing physical activities into the classroom: Effects on preschool children's geography learning. *Mind, Brain, and Education*, 10(4),256 – 263.

McAlpin, R. (2017, April 24). Skills for a changing world: The global movement to prepare students for the 21st century. *Brookings*. Accessed at www. brookings. edu / blog/education-plus-development/2017/04/24/skills-for-a-changing-world-the-global-movement-to-prepare-students-for-the-21st-century on June 13,2022.

McBride, C. , & Duncan-Davis, B. (2021). *Ready for the workforce: Engaging strategies for teaching secondary learners employability skills.* Bloomington, IN: Solution Tree Press.

McMullen, J. M. , Martin, R. , Jones, J. , & Murtagh, E. M. (2016). Moving to learn Ireland — Classroom teachers' experiences of movement integration.

Teaching and Teacher Education, *60*, 321 – 330.

Medina, J. (2008). *Brain rules: 12 principles for surviving and thriving at work, home, and school*. Seattle, WA: Pear Press.

Merriam, S. B., & Bierema, L. L. (2013). *Adult learning: Linking theory and practice*. San Francisco: Jossey-Bass.

Meserve, J. (2015, November 19). Your brain and your body are one and the same. *New York Magazine*. Accessed at www.thecut.com/2015/11/your-brain-and-body-one-and-the-same.html on June 3, 2022.

Michael, R. D., Webster, C. A., Egan, C. A., Nilges, L., Brian, A., Johnson, R., et. al. (2019). Facilitators and barriers to movement integration in elementary classrooms: A systematic review. *Research Quarterly for Exercise and Sport*, *90*(2), 151 – 162.

Middleton, F. A., & Strick, P. L. (1994). Anatomical evidence for cerebellar and basal ganglia involvement in higher cognitive function. *Science*, *266*(5184), 458 – 461.

Millis, B. J., & Cottell, P. G. (1998). *Cooperative learning for higher education faculty*. Phoenix, AZ: Oryx Press.

Mualem, R., Leisman, G., Zbedat, Y., Ganem, S., Mualem, O., Amaria, M, et. al. (2018). The effect of movement on cognitive performance. *Frontiers in Public Health*, *6*(100).

Mullins, N. M., Michaliszyn, S. F., Kelly-Miller, N., & Groll, L. (2019). Elementary school classroom physical activity breaks: Student, teacher, and facilitator perspectives. *Advances in Physiology Education*, *43*(2), 140 – 148.

Naik, N. (2014). Non-digital game-based learning in the teaching of mathematics in higher education. *European Conference on Games Based Learning*, *2*, 431 – 436.

Norris, E., Shelton, N., Dunsmuir, S., Duke-Williams, O., & Stamatakis, E. (2015). Physically active lessons as physical activity and educational interventions: A systematic review of methods and results. *Preventive Medicine*, *72*, 116 – 125.

North Carolina Department of Health and Human Services. (n.d.). *Move more North Carolina: A guide to making physical activity a part of meetings, conferences and events*. Accessed at www.eatsmartmovemorenc.com/wp-content/uploads/2019/08/ESMM_PAmeetings_lowInk.pdf on June 7, 2022.

Ostroff, W. (2020). Empowering children through dialogue and discussion.

Educational Leadership, *77*(7),14 - 20.

Owen, K. B., Parker, P. D., Van Zanden, B., MacMillan, F., Astell-Burt, T., & Lonsdale, C. (2016) Physical activity and school engagement in youth: A systematic review and meta-analysis. *Educational Psychologist*, *51* (2), 129 - 145.

Park, J., & Lee, K. (2017). Using board games to improve mathematical creativity. *International Journal of Knowledge and Learning*, *12*(1),49 - 58.

Paul, A. M. (2021). *The extended mind: The power of thinking outside the brain*. Boston: Mariner.

Piaget, J. (1962). *Play, dreams and imitation in childhood*. New York: Norton.

Prensky, M. (2007). *Digital game-based learning*. St. Paul, MN: Paragon House.

Pulvermüller, F. (1999). Words in the brain's language. *Behavioral and Brain Sciences*, *22*(2),253 - 279.

Rebora, A. (2021, December 6). *Zaretta Hammond on equity and student engagement*. Accessed at www.ascd.org/el/articles/zaretta-hammond-on-equity-and-student-engagement on May 13,2022.

Rieber, L. P., Smith, L., & Noah, D. (1998). The value of serious play. *Educational Technology*, *38*(6),29 - 37.

Saliés, T. G. (2002). Simulation/gaming in the EAP writing class: Benefits and drawbacks. *Simulation & Gaming*, *33*(3),316 - 329.

Schlechty, P. (2011). *Engaging students: The next level of working on the work*. San Francisco: Jossey-Bass.

Schmidt, M., Egger, F., Benzing, V., Jäger, K., Conzelmann, A., Roebers, C. M., et al. (2017). Disentangling the relationship between children's motor ability, executive function and academic achievement. *PLoS One*, *12* (8),e0182845.

Schmidt, M., Jäger, K., Egger. F., Roebers, C. M., & Conzelmann, A. (2015). Cognitively engaging chronic physical activity, but not aerobic exercise, affects executive functions in primary school children: A group-randomized controlled trial. *Journal of Sport and Exercise Psychology*, *37*(6),575 - 591.

Sousa, D. A. (2011). *How the brain learns* (4th ed.). Thousand Oaks, CA: Corwin.

Spring, J. (1995). *The intersection of cultures: Multicultural education in the*

United States. New York: McGraw-Hill.

Stanfield, R. B. (2000). *The art of focused conversation:* 100 *ways to access group wisdom in the workplace*. Gabriola Island, British Columbia, Canada: New Society.

Stauffer, B. (2022, January 10). *What are 21st century skills?* Accessed at www. aeseducation. com/blog/what-are-21st-century-skills on June 13, 2022.

Stobaugh, R. (2019). *Fifty strategies to boost cognitive engagement: Creating a thinking culture in the classroom*. Bloomington, IN: Solution Tree Press.

Sumbera, B. (2017). Model continuation high schools: Social-cognitive factors that contribute to re-engaging at-risk students emotionally, behaviorally, and cognitively towards graduation. *Educational Leadership and Administration: Teaching and Program Development*, 28, 16 – 27.

Szabo-Reed, A. N., Willis, E. A., Lee, J., Hillman, C. H., Washburn, R. A., & Donnelly, J. E. (2019). The influence of classroom physical activity participation and time on task on academic achievement. *Translational Journal of the American College of Sports Medicine*, 4(12), 84 – 95.

Talak-Kiryk, A. (2010). *Using games in a foreign language classroom*. Accessed at https://digitalcollections. sit. edu/ipp_collection/484 on May 13, 2022.

Taras, H. (2005). Physical activity and student performance at school. *Journal of School Health*, 75(6), 214 – 218.

Teacher Toolkit (2021). *Tableau*. Accessed at www. theteachertoolkit. com/index. php/tool/tableau on May 13, 2022.

TeachThought (2022). *Critical thinking question stems for any content area*. Accessed at www. teachthought. com/critical-thinking/critical-thinking-stems on May 13, 2022.

TED. (2012, October). *What's good for the waistline is good for the bottom line: Toni Yancey at TEDxManhattanBeach* [Video]. YouTube. Accessed at www. youtube. com/watch?v=zJVxBrmwrYc on October 25, 2022.

TED. (2013, January 28). *Video game MODEL for motivated learning: Dr. Judy Willis at TEDxASB*. [Video]. YouTube. Accessed at www. youtube. com/watch?v=i8TPRec6OCY on October 25, 2022.

Tofade, T., Elsner, J., & Haines, S. T. (2013). Best practice strategies for effective use of questions as a teaching tool. *American Journal of Pharmaceutical Education*, 77(7), 155.

U. S. Department of Education. (2013). National Assessment of Educational Progress (NAEP) (1992 – 2013). *Mathematics and Reading Assessments*. Washington, DC: U. S. Department of Education.

Van der Niet, A. G., Smith, J., Scherder, E. J., Oosterlaan, J., Hartman, E., & Visscher, C. (2014). Associations between daily physical activity and executive functioning in primary school-aged children. *Journal of Science and Medicine in Sport, 18*(6), 673 – 677.

Vazou, S., Gavrilou, P., Mamalaki, E., Papanastasiou, A., & Sioumala, N. (2012). Does integrating physical activity in the elementary school classroom influence academic motivation? *International Journal of Sport and Exercise Psychology, 10*(4), 251 – 263.

Vazou, S., Long, K., Lakes, K. D., & Whalen, N. L. (2020). "Walkabouts" integrated physical activities from preschool to second grade: Feasibility and effect on classroom engagement. *Child & Youth Care Forum, 50*(1), 39 – 55.

Vazou, S., & Skrade, M. A. (2017). Intervention integrating physical activity with math: Math performance, perceived competence, and need satisfaction. *International Journal of Sport and Exercise Psychology, 15*(5), 508 – 522.

Vazou, S., Webster, C. A., Stewart, G., Candal, P., Egan, C. A., Pennell, A., et al. (2020). A systematic review and qualitative synthesis resulting in a typology of elementary classroom movement integration interventions. *Sports Medicine — Open, 6*(1).

Vitoria, L., Ariska, R., Farha, & Fauzi. (2020). Teaching mathematics using snakes and ladders game to help students understand angle measurement. *Journal of Physics: Conference Series, 1460*(1), 012005.

Vogt, M., & Echevarria, J. (2007). *99 ideas and activities for teaching English learners with the SIOP model*. New York: Pearson.

Vygotsky, L. S. (1978). *Mind in society: The development of higher psychological functions*. Cambridge, MA: Harvard University Press.

Walker, A. (1994). *Everyday use*. New Brunswick, N. J.: Rutgers University Press.

Watson, A., Timperio, A., Brown, H., Best, K., & Hesketh, K. D. (2017). Effect of classroom-based physical activity interventions on academic and physical activity outcomes: A systematic review and meta-analysis. *International Journal of Behavioral Nutrition and Physical Activity, 14*(1), 114.

Webster, C. A., Russ, L., Vazou, S., Goh, T. L., & Erwin, H. (2015). Integrating movement in academic classrooms: Understanding, applying, and advancing the knowledge base. *Obesity Reviews*, *16*(8), 691 – 701.

Whole Child Symposium. (2016). *The engagement gap: Making each school and every classroom an all-engaging learning environment*. Alexandria, VA: ASCD. Accessed at https://files. ascd. org/staticfiles/ascd/pdf/siteASCD/wholechild/ spring2016wcsreport. pdf on June 27, 2022.

Wilson, K., & Korn, J. H. (2007). Attention during lectures: Beyond ten minutes. *Teaching of Psychology*, *34*(2), 85 – 89.

Woessner, M. N., Tacey, A., Levinger-Limor, A., Parker, A. G., Levinger, P., & Levinger, I. (2021). The evolution of technology and physical inactivity: The good, the bad, and the way forward. *Frontiers in Public Health*, *9*, 655491.

致 谢

感谢参与编写本书材料的基础教育（K－12）教师。考特尼·莱昂斯·比格斯、格蕾丝·泰勒和费丝·科尔斯在研究和描述本书所介绍的策略方面提供了帮助。他们对本书的结构提出了关键的反馈意见，并为本书的编写提供了实用的视角。

我还要感谢那些为本书提供科目教学示例的人：劳伦·米勒、苏菲·彭伯顿、克莱尔·塞西尔、丽贝卡·菲尔兹和詹妮弗·韦伯。感谢布鲁克·巴楚博士和克里斯蒂·布莱斯博士分享的专业知识，并推荐了针对不同学习者的差异化策略。

最后，我非常感谢凯丽·莫西尔和威尔·佩里为本书提供了详尽的审稿意见。

出版社特此向以下评审员致谢：

亚历山大·方曼

（肯塔基州独立市峰景学院　校长）

雷切尔·斯瓦伦金

（堪萨斯州奥拉西市曼彻斯特公园小学　五年级教师）

凯利·希利亚德

（内华达州雷诺市麦昆高中　数学教师）

林诺达·乔菲·特里曼

（德克萨斯州阿灵顿市阿灵顿三一领导学院幼儿园至中学部　校长）

汤姆·克劳切维奇

（马里兰州海厄茨维尔市德玛莎天主教高中教育资源部　主任）